HET AROMA VAN TSJECHISCHE KEUKEN

Ontdek de smaken van de Tsjechische keuken met de geweldige en smakelijke recepten uit de Tsjechische keuken: Recept voor nationale gerechten uit Tsjechië

Joris Martens

Auteursrechtelijk materiaal ©2024

Alle rechten voorbehouden

Geen enkel deel van dit boek mag in welke vorm of op welke manier dan ook worden gebruikt of overgedragen zonder de juiste schriftelijke toestemming van de uitgever en eigenaar van het auteursrecht, met uitzondering van korte citaten die in een recensie worden gebruikt. Dit boek mag niet worden beschouwd als vervanging voor medisch, juridisch of ander professioneel advies.

INHOUDSOPGAVE

INHOUDSOPGAVE 3
INVOERING 6
ONTBIJT 7
   1. Roerei met courgette en cantharellen 8
   2. Chlebíčky (sandwiches met open gezicht) 10
   3. Palačinky (Tsjechische pannenkoeken) 12
   4. Ovocné Knedlíky (fruitknoedels) 14
   5. Omeleta s Houbovým Nádivkem (champignonomelet) 16
   6. Tvarohové Nákypy (kwarkschotel) 18
   7. Šunková Pomazánka (hamspread) 20
   8. Český Muesli (Tsjechische Muesli) 22
   9. Tsjechische Aardappelpannenkoekjes 24
VOORGERECHTEN EN SNACKS 26
   10. Koláčky (met fruit gevuld gebak) 27
   11. Utopenec (ingemaakte worst) 29
   12. Bramboráky (aardappelpannenkoekjes) 31
   13. Courgette-augurken 33
   14. Snelle ingelegde komkommer 36
   15. Tsjechische ingemaakte champignons 38
   16. Kwarkpasta met mierikswortel 40
   17. Traditionele Tsjechische Donuts 42
   18. Tsjechische Pizza 45
   19. Pierogi bijt 47
   20. Komkommers in kokosroom 49
   21. Paddestoel Boekweit Kom 51
   22. S laaggeroosterde prei 54
   23. Rokerige ui en maanzaad bialys 56
   24. Kokosnoot P aczki 59
   25. Koolrabi Schnitzel 61
   26. Tsjechische pannenkoeken met gist 63
HOOFDGERECHT 65
   27. Gemarineerd rundvlees met roomsaus 66
   28. Varkensvlees met dumplings en zuurkool 68
   29. Tomatensaus Met Kip 70
   30. Smažený Sýr (gebakken kaas) 72
   31. Dumplings met kool en gerookt vlees 74
   32. Hovězí Guláš (rundvleesgoulash) 76
   33. Svíčková na Houbách (entrecote met champignons) 78
   34. Geroosterde Eend Met Zure Saus 80
   35. Bramborový Guláš (aardappelgoulash) 82
   36. Spinazie Met Aardappelknoedels 84

- 37. Utopenci (ingelegde worstjes) 86
- 38. Champignonsaus met Pasta 88
- 39. Vegetarische bigo's 90
- 40. Silezische dumplings 92
- 41. Rijstijs met appels 94
- 42. Tsjechische noedels en knoedels 96
- 43. Macaroni met aardbeien 98
- 44. Tsjechische koolrolletjes 100
- 45. Tsjechische Knedel met Pruimen 102

SOEPEN 104
- 46. Tarator (komkommersoep) 105
- 47. Aardappel soep 107
- 48. Tsjechische Goulash (Skvělý Hovězí Guláš) 109
- 49. Zure Pickle Soep 111
- 50. Borsjt 113
- 51. Aardbei / Bosbessensoep 115
- 52. Koolsoep 117
- 53. Groentesoep 119
- 54. Tomatensoep 121
- 55. Augurk soep 123
- 56. Zure roggesoep 125
- 57. Gekoelde bietensoep 127
- 58. Fruitsoep 129
- 59. Aardappel soep 131
- 60. Citroen soep 133
- 61. Tsjechische koolrabisoep 135
- 62. Aspergesoep 137

SALADES EN KANTEN 139
- 63. Bramborový Salát (Aardappelsalade) 140
- 64. Tomatensalade Met Mozzarella 142
- 65. Okurkový Salát (komkommersalade) 144
- 66. Houbový Salát (champignonsalade) 146
- 67. Knedlíky (Tsjechische broodknoedels) 148
- 68. Zeli (Tsjechische zuurkool) 150
- 69. Karper Met Aardappelsalade 152
- 70. Špenátová Kase (roomspinazie) 154
- 71. Bietensalade (ćwikła) 156
- 72. B rode kool met frambozen 158
- 73. Selderij-sinaasappelsalade 160
- 74. Groentesalade 162
- 75. Zoetzure Rode Kool 164

DESSERTS 166
- 76. Jablečný Závin (Apfelstrudel) 167

77. Pompoengist-bundtcake 169
78. Wafeltjes 171
79. Vakantie appeltaart 173
80. Peperkoekkoekjes van aardappel 175
81. Pruimenstoofpot 177
82. Marmelade 179
83. Tsjechische Kisiel 181
84. Tsjechische vanillevlapudding 183
85. Tsjechische Cream Fudge _ _ 185
86. Tsjechisch Amandel in chocoladepruimen _ _ 187

DRANKJES 189

87. Tsjechische vakantiepunch 190
88. Zure kersenlikeur 192
89. Glühwein 194
90. Paarse pruimenlikeur 196
91. Jeneverbes bier 198
92. Rabarber limonade 200
93. Hete mede 202
94. Tsjechische koffie 204
95. Citroen- en komkommerkoeler 206
96. Tsjechische warme chocolademelk 208
97. Kers martini 210
98. Patrijs In Een Perenboom 212
99. Tsjechische Aardbeienlikeur 214
100. Tsjechische ananaswodka 216

CONCLUSIE 218

INVOERING

Welkom bij 'Het aroma van de Tsjechische keuken', een zintuiglijke reis door 100 aroma's uit Boheemse keukens die de rijke en smaakvolle wereld van de Tsjechische keuken bepalen. Dit boek is een viering van de aromatische en geruststellende tradities die de Tsjechische keuken hebben gevormd en nodigt u uit om de geuren, smaken en het culinaire erfgoed van de regio te verkennen. Ga met ons mee terwijl we ons onderdompelen in de hartverwarmende aroma's die voortkomen uit de Boheemse keukens, waardoor een symfonie van heerlijke geuren ontstaat die de essentie van de Tsjechische keuken weergeeft.

Stel je een keuken voor die gevuld is met de verleidelijke geuren van hartige stoofschotels, vers gebakken gebakjes en hartige dumplings. "Het aroma van de Tsjechische keuken" is meer dan alleen een verzameling recepten; het is een reis door het culturele en culinaire erfgoed van de Tsjechische keuken, waarbij elk aroma een verhaal vertelt over traditie, warmte en de vreugde van samenkomen rond de tafel. Of u nu Tsjechische roots heeft of gewoon aangetrokken wordt door de smaken van de Midden-Europese keuken, deze recepten zijn samengesteld om u te inspireren de authentieke aroma's na te bootsen die de Tsjechische keuken zo speciaal maken.

Van klassieke goulash tot zoete kolaches, elk aroma is een viering van de diverse en geruststellende smaken die de Tsjechische keuken kenmerken. Of u nu een familiediner plant of de geneugten van Tsjechische gebakjes verkent, dit boek is uw bron bij uitstek om het volledige spectrum van Boheemse aroma's te ervaren.

Ga met ons mee op een aromatische reis door 'Het aroma van de Tsjechische keuken', waarbij elke creatie een bewijs is van de geuren en smaken die de hartverwarmende tradities van de Tsjechische keuken definiëren. Dus trek je schort aan, omarm de uitnodigende aroma's en laten we duiken in de heerlijke geuren die de Tsjechische keuken tot een waarlijk zintuiglijke ervaring maken.

ONTBIJT

1.Roerei met courgette en cantharellen

INGREDIËNTEN:
- 4 eieren
- 1/2 courgette, in dunne plakjes gesneden
- grote handvol cantharellen, groot doormidden gesneden
- 50 gram worst, in dunne plakjes gesneden
- 1 kleine ui, fijn gesneden
- 50 g geraspte mozzarella
- 1 eetlepel boter
- 1/3 kopje melk of room
- peper, zout

INSTRUCTIES:
a) Klop in een middelgrote kom de eieren met melk of room.
b) Doe de boter in de middelgrote pan op middelhoog vuur, voeg de worst en de uien toe en kook 2-3 minuten. Voeg vervolgens de courgette met champignons toe en kook tot ze zacht zijn.
c) Zet het vuur laag, voeg het eimengsel toe, kook tot ze naar wens roerei zijn en roer vervolgens de mozzarella erdoor.
d) Breng op smaak met peper en zout en serveer met toastjes.

2.Chlebíčky (sandwiches met open gezicht)

INGREDIËNTEN:
- Gesneden brood
- Boter
- Ham of salami
- Kaas
- Hardgekookte eieren
- Verse groenten (bijvoorbeeld tomaten, komkommers)
- Mayonaise
- Mosterd
- Verse peterselie (ter garnering)

INSTRUCTIES:
a) Smeer boter op het gesneden brood.
b) Beleg met ham of salami, kaas en plakjes hardgekookte eieren.
c) Voeg er verse groenten bovenop.
d) Besprenkel met mayonaise en mosterd.
e) Garneer met verse peterselie.

3.Palačinky (Tsjechische pannenkoeken)

INGREDIËNTEN:
- 2 kopjes All-purpose Flour
- 2 kopjes melk
- 2 grote eieren
- 2 eetlepels suiker
- 1/2 theelepel zout
- Boter (voor het invetten van de pan)

INSTRUCTIES:
a) Meng in een kom de bloem, melk, eieren, suiker en zout tot een gladde massa.
b) Verhit een pan en vet in met boter.
c) Giet een pollepel beslag in de pan, al roerend zodat de bodem bedekt is.
d) Kook tot de randen loskomen, draai dan om en bak de andere kant.
e) Herhaal tot het beslag op is.

4.Ovocné Knedlíky (fruitknoedels)

INGREDIËNTEN:
- 2 kopjes aardappelpuree
- 2 kopjes All-purpose Flour
- 2 grote eieren
- Zout
- Diverse soorten fruit (pruimen, aardbeien)
- Boter
- Poedersuiker

INSTRUCTIES:
a) Meng aardappelpuree, bloem, eieren en een snufje zout tot een deeg.
b) Verdeel het deeg in porties en druk ze plat.
c) Plaats een stuk fruit in het midden en sluit het deeg eromheen.
d) Kook in gezouten water tot de dumplings drijven.
e) Giet af, bestrijk met boter en bestrooi met poedersuiker.

5.Omeleta s Houbovým Nádivkem (champignonomelet)

INGREDIËNTEN:
- 3 eieren
- 1/2 kop champignons, in plakjes gesneden
- 1/4 kopje ui, fijngehakt
- 1/4 kop paprika, in blokjes gesneden
- Zout en peper naar smaak
- Boter of olie om te koken

INSTRUCTIES:
a) Fruit de champignons, uien en paprika in boter tot ze zacht zijn.
b) Klop de eieren los en giet ze over de groenten in de pan.
c) Kook tot de randen stevig zijn en vouw de omelet dan dubbel.
d) Breng op smaak met zout en peper.

6.Tvarohové Nákypy (kwarkschotel)

INGREDIËNTEN:
- 2 kopjes kwark
- 3 eieren
- 1/2 kopje suiker
- 1/4 kopje griesmeel
- 1/4 kopje rozijnen
- 1 theelepel vanille-extract
- Boter (om in te vetten)

INSTRUCTIES:
a) Verwarm de oven voor op 175 °C en vet een ovenschaal in met boter.
b) Meng in een kom kwark, eieren, suiker, griesmeel, rozijnen en vanille-extract.
c) Giet het mengsel in de ovenschaal en bak tot het stevig en goudbruin is.

7.Šunková Pomazánka (hamspread)

INGREDIËNTEN:
- 1 kop gekookte ham, fijngehakt
- 1/2 kopje roomkaas
- 2 eetlepels mayonaise
- 1 eetlepel Dijon-mosterd
- Bieslook, gehakt
- Zout en peper naar smaak

INSTRUCTIES:
a) Meng de gehakte ham, roomkaas, mayonaise, Dijon-mosterd en bieslook in een kom.
b) Meng tot alles goed gemengd is.
c) Breng op smaak met zout en peper.
d) Verspreid op brood of crackers.

8.Český Muesli (Tsjechische Muesli)

INGREDIËNTEN:
- 1 kop gerolde haver
- 1 kopje yoghurt
- 1/2 kopje melk
- 1 eetlepel honing
- Vers fruit (bessen, plakjes banaan)
- Noten en zaden (optioneel)

INSTRUCTIES:
a) Meng havermout, yoghurt, melk en honing in een kom.
b) Laat het een nacht of minimaal 30 minuten in de koelkast staan.
c) Voeg voor het serveren vers fruit en eventueel noten en zaden toe.

9.Tsjechische Aardappelpannenkoekjes

INGREDIËNTEN:
- 2 grote roodbruine aardappelen, rauw
- 1/4 kopje ui
- 1 Eetlepel bloem
- 1/2 theelepel zout
- Peper naar smaak
- 3 theelepels olie, verdeeld, om te frituren

INSTRUCTIES:
a) Combineer geschilde en gehakte aardappelen en ui in een keukenmachine. Verwerk gedurende 30 seconden, of totdat er geen klontjes meer zichtbaar zijn.
b) Laat ze 5 minuten of langer uitlekken in een fijnmazige zeef boven een kom.
c) Verwijder voorzichtig het uitgelekte vocht, maar bewaar het witte zetmeel dat zich op de bodem heeft opgehoopt.
d) Voeg het uitgelekte aardappel-ui-mengsel, de bloem, het zout en de peper toe aan het zetmeel.
e) Verhit 1/2 theelepel olie in een gietijzeren koekenpan op middelhoog vuur. Vul de pan met heuveltjes van 1/4 kop en maak ze allemaal plat tot een uniforme dikte.
f) Kook ongeveer 3 minuten aan elke kant en voeg indien nodig 1/2 theelepel olie toe. Als je geen gietijzer hebt, kook ze dan op middelhoog vuur, wat iets langer duurt.

VOORGERECHTEN EN SNACKS

10. Koláčky (met fruit gevuld gebak)

INGREDIËNTEN:
- Bladerdeegvellen
- Fruitjam of conserven (abrikoos, pruim, framboos)
- Poedersuiker om te bestuiven

INSTRUCTIES:
a) Rol bladerdeegvellen uit en snijd ze in vierkanten.
b) Plaats een kleine klodder fruitjam in het midden van elk vierkant.
c) Vouw het deeg over de jam en vorm een driehoek of rechthoek.
d) Druk op de randen om ze af te dichten en bak tot ze goudbruin zijn.
e) Bestrooi voor het serveren met poedersuiker.

11.Utopenec (ingemaakte worst)

INGREDIËNTEN:
- Tsjechische worstjes (utopenec)
- Augurken
- Ui, in dunne plakjes gesneden
- Mosterd en brood (optioneel)

INSTRUCTIES:
a) Snijd de worsten en augurken in hapklare stukjes.
b) Meng met dun gesneden uien.
c) Serveer als tussendoortje met tandenstokers.
d) Eventueel mosterd op het brood smeren en met het mengsel bestrijken.

12.Bramboráky (aardappelpannenkoekjes)

INGREDIËNTEN:
- 4 grote aardappelen, geraspt
- 1 ui, fijngehakt
- 2 eieren
- 3 eetlepels bloem voor alle doeleinden
- Zout en peper naar smaak
- Olie om te frituren

INSTRUCTIES:
a) Rasp de aardappelen en knijp het overtollige vocht eruit.
b) Meng met gehakte uien, eieren, bloem, zout en peper.
c) Verhit de olie in een pan en doe lepels van het mengsel erin.
d) Maak het plat en bak aan beide kanten goudbruin.
e) Serveer met zure room of appelmoes.

13. Courgette-augurken

INGREDIËNTEN:
- 3 kg courgettes (een mix van geel en groen)
- 5 eetlepels zout
- 500 g ui
- 500 g wortel, geraspt
- 1 kg rode paprika, in blokjes
- 250 ml dubbele sterkte (10%) azijn
- 200 g kristalsuiker
- 1 theelepel pimentbessen
- 1/2 theelepel gemalen chili
- 3 theelepels witte mosterdzaadjes
- 1 eetlepel zwarte peperkorrels
- 1 theelepel korianderzaad
- 6 laurierblaadjes
- plantaardige olie

INSTRUCTIES:
a) Was de courgettes grondig, maar schil ze niet. Met een dunschiller snijdt u de groente in lange, dunne stukken. Voeg toe aan een mengkom en breng op smaak met 3 eetlepels zout. Doe alle ingrediënten in een mengkom en laat 2 tot 3 uur staan.
b) Pel de ui, snijd deze in stukken, doe deze met het resterende zout in een aparte kom en meng goed. Houd rekening met 2 tot 3 uur voorbereidingstijd.
c) Giet het vocht af dat zich in de courgettes en de ui heeft verzameld. Meng in een grote mengkom de courgette, ui, geraspte wortel en gesneden paprika.
d) Breng de azijn in een pan aan de kook en voeg suiker en kruiden toe (behalve laurier). Terwijl de saus nog heet is, giet je deze over de groenten. 3 uur marineren
e) a) Steriliseer potten door er groenten en vloeistof in te doen. Sluit de potten met deksels en voeg aan elke pot 1 laurierblad en 1 eetlepel olie toe.
f) Plaats de potten in een grote pot, bekleed met een schone theedoek, en voeg voldoende heet water toe tot driekwart van de zijkanten van de potten.
g) Breng aan de kook en verwerk vervolgens gedurende 20 tot 30 minuten in een kokend waterbad in een pan bekleed met een schone handdoek, waarbij heet water tot driekwart van de hoogte van de potten reikt.

14. Snelle ingelegde komkommer

INGREDIËNTEN:
- 1/2 ui, fijngehakt
- 75 ml witte azijn
- 100 g kristalsuiker
- 3/4 eetlepel zout
- 1 komkommer, gewassen en in dunne plakjes gesneden

INSTRUCTIES:

a) Combineer de gesnipperde ui, azijn, suiker en zout in een kleine kom.

b) Zet het minstens 30 minuten in de koelkast voordat je het serveert, en gooi het met gesneden komkommer.

15.Tsjechische ingemaakte champignons

INGREDIËNTEN:
- 1,5 kg kleine champignons
- 2 theelepels zout
- 250 ml witte azijn 10%
- 750 ml water
- 1 ui, in ringen gesneden
- 1 1/2 theelepel zout
- 3 tot 4 theelepels suiker
- 10 zwarte peperkorrels
- 3 pimentbessen
- 1 laurierblad

INSTRUCTIES:
a) Maak de champignons schoon met een droge doek. Kook gedurende 30 minuten op laag vuur nadat u het in een pan heeft gedaan met 2 liter kokend water en 2 eetlepels zout.

b) Combineer azijn en 750 ml water in een mengkom. Combineer de ui, 1 1/2 theelepel zout, suiker, peperkorrels, piment en laurier in een grote mengkom. Breng aan de kook en zet vervolgens 5 minuten op een laag vuur.

c) Doe de gekookte champignons na het uitlekken in gesteriliseerde kleine potjes. Sluit de deksels goed en bedek ze met hete pekel. Laat het 3 tot 4 weken afkoelen voordat u het in de koelkast zet voordat u het serveert.

16.Kwarkpasta met mierikswortel

INGREDIËNTEN:
- 1 kopje kwark
- 2 eetlepels geraspte mierikswortel
- Zout en peper naar smaak
- Gehakte verse dille
- Brood of crackers om erbij te serveren

INSTRUCTIES:
a) Meng kwark en geraspte mierikswortel in een kom.
b) Breng op smaak met zout en peper.
c) Strooi er gehakte verse dille over.
d) Verspreid op brood of crackers.

17. Traditionele Tsjechische Donuts

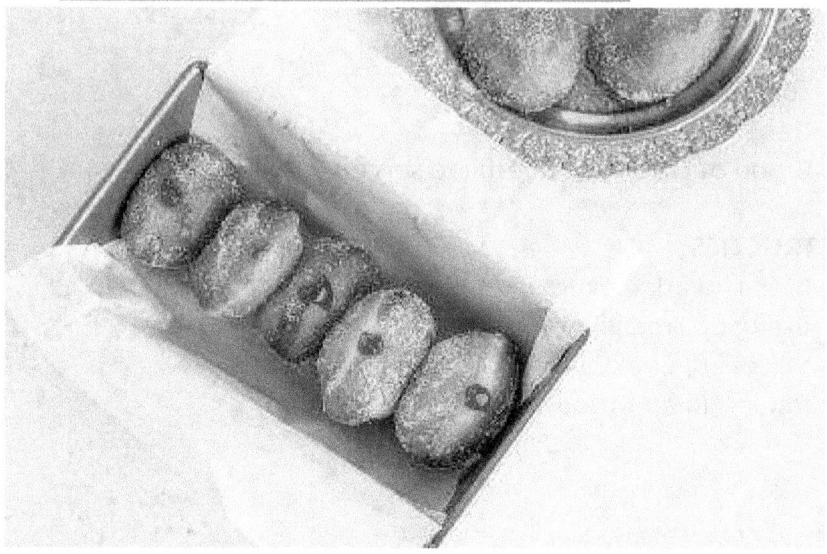

INGREDIËNTEN:
- 2 pakjes actieve droge gist (4 1/2 theelepels)
- 1 1/2 kopjes plantaardige melk , warm, ongeveer 110 F
- 1/2 kopje kristalsuiker
- 1/2 kopje kokosboter , op kamertemperatuur
- 1 eetlepel cognac of rum
- 1 theelepel zout
- 4 1/2 tot 5 kopjes bloem voor alle doeleinden
- 1 gallon plantaardige olie, om te frituren
- Ongeveer 1/2 kop kristalsuiker, voor het rollen
- Ongeveer 1/2 kopje banketbakkerssuiker, om te rollen
- 1 kopje jam of fruitpasta, voor vulling, optioneel

INSTRUCTIES:
a) Los de gist in een kleine kom op in de warme plantaardige melk. Zet na roeren opzij om op te lossen.
b) Combineer de suiker en de kokosboter in een grote mengkom of staande mixer met het paddle-opzetstuk tot er schuim ontstaat.
c) Klop de cognac of rum erdoor, evenals het zout, tot alles goed gemengd is.
d) Gebruik het paddle-opzetstuk en voeg afwisselend 4 1/2 kopjes bloem en het plantaardige melk-gistmengsel toe. Met de machine 5 minuten of langer kloppen tot een gladde massa, of langer met de hand.
e) Leg het deeg in een geoliede kom. Draai de pan om om de andere kant te beboteren.
f) Bedek de bovenkant met plasticfolie en laat 1 tot 2 1/2 uur rijzen, of tot het volume verdubbeld is.
g) Bebloem een licht met bloem bestoven oppervlak en rol het deeg uit. Pat of rol tot een dikte van 1/2 inch. Om verspilling te voorkomen, gebruikt u een koekjesvormer van 7,5 cm om de rondjes dicht bij elkaar te snijden.
h) Bedek de plaat vóór het frituren met een vochtige doek en laat de rondjes rijzen tot ze in massa verdubbeld zijn, ongeveer 30 minuten.

i) Verhit de olie in een grote koekenpan of Nederlandse oven tot 350 graden F. Plaats een paar stijgende pczki in de olie met de bovenkant naar beneden (de droge kant) en kook gedurende 2 tot 3 minuten, of tot de bodem goudbruin is.

j) Draai ze om en bak nog 1 à 2 minuten, of tot ze goudbruin zijn. Zorg ervoor dat de olie niet te heet wordt, zodat de buitenkant niet bruin wordt voordat de binnenkant is voltooid. Controleer een koele om te zien of deze volledig gaar is. De kooktijd en de oliewarmte moeten dienovereenkomstig worden aangepast.

k) Terwijl het nog warm is, rol je de kristalsuiker erdoor. Als je ze wilt vullen, maak dan een gat in de zijkant van de pczki en knijp er met een spuitzak een flinke klodder vulling naar keuze in. Strooi vervolgens kristalsuiker, banketbakkerssuiker of een glazuurglazuur over de gevulde pczki.

l) Pczki zijn niet goed houdbaar, dus eet ze meteen op of vries ze in als je de beste smaak wilt. Genieten.

18.Tsjechische Pizza

INGREDIËNTEN:
- 1 theelepel kokosboter
- ½ ui, in blokjes gesneden
- 1 (4 oz) blik gesneden champignons, uitgelekt
- Zout en peper naar smaak)
- ½ Frans stokbrood, in de lengte gehalveerd
- 1 kopje kaas
- Ketchup (naar boven)

INSTRUCTIES:

a) Verwarm de oven voor op 400 graden Fahrenheit.

b) Verhit olie in een grote koekenpan met anti-aanbaklaag. Fruit de uien en champignons gedurende 5 minuten, of tot ze zacht zijn. Breng op smaak met zout en peper.

c) Leg de stokbroodhelften (of sneetjes brood) op een bakplaat. Voeg het champignonmengsel en de kaas erbovenop toe.

d) Bak gedurende 10 minuten, of tot de kaas goudbruin en gesmolten is.

e) Serveer met ketchup ernaast.

19. Pierogi bijt

INGREDIËNTEN:
- 14 plakjes spek, gehalveerd
- 12-ounce mini-aardappelpierogies, ontdooid
- 1/4 kop lichtbruine suiker

INSTRUCTIES:
a) Verwarm de oven voor op 400 °F. Gebruik een kookspray om een omrande bakplaat te bestrijken.
b) Wikkel spek rond het midden van elke pierogi en leg ze op bakplaat. Bruine suiker moet gelijkmatig worden verdeeld.
c) Bak gedurende 18 tot 20 minuten op 350 °F.

20.Komkommers in kokosroom

INGREDIËNTEN:
- 1 grote komkommer met of zonder zaden, in dunne plakjes gesneden
- 1 ui in dunne plakjes gesneden en in ringen verdeeld
- 1/2 kop kokosroom
- 1 theelepel suiker
- 2 theelepels witte azijn (optioneel)
- 1 eetlepel gehakte verse dille
- zout en peper

INSTRUCTIES:
a) Meng de kokosroom, azijn, suiker en peper in een serveerschaal.
b) Voeg de komkommers en ui toe en roer om te combineren.

21. Paddestoel Boekweit Kom

INGREDIËNTEN:
- 2 uien
- 1 wortel
- 2 teentjes knoflook
- 45 g kokosboter
- 150 g champignons
- 150 g boekweit
- 1 laurierblad
- 1 groentebouillonblokje
- Een handvol dille, alleen de blaadjes
- 50 gram rucola
- 150 g plantaardige yoghurt
- Zeezout
- Versgemalen peper
- 1 theelepel olijfolie
- 400 ml kokend water

INSTRUCTIES:
a) Snij de uien na het pellen in fijne plakjes. Wortelen moeten worden geschild en fijngehakt. Knoflook moet worden geschild en geraspt of geplet.
b) Voeg de uien, kokosboter en een vleugje zout en peper toe aan de pan. Kook en roer gedurende 5-8 minuten, of tot de ui papperig en diep goudkleurig is. Zet het vuur lager als de ui te veel of te snel bruin wordt.
c) Voeg de wortels, knoflook en champignons toe aan de pan en roer om te combineren. Kook gedurende 5 minuten, af en toe roerend, tot de champignons vochtig zijn.
d) Voeg de boekweit en het laurierblad toe en roer om te combineren. In het bouillonblokje verkruimelen. Giet 400 ml kokend water in de pan.
e) Laat 12-15 minuten sudderen, of totdat het water is verdampt en de boekweit zacht maar nog steeds stevig is.
f) Pluk de zachte bladeren van de dilletakjes en hak ze grof terwijl de boekweit suddert. Snijd de rucola in kleine stukjes.
g) Proef de boekweit en breng eventueel op smaak met wat zout of peper. Gooi het grootste deel van de dille erdoor en rucola met een vork. Vul verwarmde kommen voor de helft met boekweit.
h) Garneer met lepels plantaardige yoghurt en de overgebleven rucola en dille.

22.5 laaggeroosterde prei

INGREDIËNTEN:
- 4 preien
- ¼ kopje olijfolie
- 1 eetlepel zeezout

INSTRUCTIES:
a) Meng de prei met olijfolie en zout in een grote mengkom tot hij goed bedekt is. Leg de prei met de snijkant naar beneden op een voorbereide bakplaat.
b) Wikkel de bakplaat voorzichtig in folie - deze hoeft niet volledig afgedicht te zijn, maar wel zo strak mogelijk. Plaats de bakplaat terug in de oven en verlaag de temperatuur tot 300 graden.
c) Bak gedurende 15 tot 30 minuten, of tot de prei zacht is. Haal de plaat uit de oven en draai de prei om. Zet terug in de oven, verhoog de temperatuur tot 400°F en bak gedurende 15-20 minuten, of tot ze knapperig en goudbruin zijn.

23. Rokerige ui en maanzaad bialys

INGREDIËNTEN:
- ui 1 groot, geschild en in dikke plakjes gesneden
- actieve gedroogde gist 1 theelepel
- sterk witbroodmeel 300 g
- gewone bloem 175 g, plus meer voor het bestuiven
- zeezout 1½ theelepel
- gewone bloem 50 g
- actieve gedroogde gist ½ theelepel
- olijfolie 1 eetl
- gerookt zeezout ¼ theel
- zoete gerookte paprika ¼ theel
- maanzaad 1 theelepel, plus een snufje extra om te bestrooien
- sesamzaadjes een paar snufjes

INSTRUCTIES:

a) Meng de bloem en gist in een mengschaal met 50 ml warm water, dek af met huishoudfolie en laat een nacht staan.

b) Begin de volgende dag met het deeg door de ui in een kleine pan met 150 ml water te doen. Verwarm het water tot het net begint te borrelen en haal het dan van het vuur.

c) Haal uit de oven en zet opzij om af te koelen tot kamertemperatuur. Giet het water in een maatbeker en zorg ervoor dat deze 150 ml is; Als dit niet het geval is, voeg dan meer toe. Zet de uien opzij voor later.

d) Meng intussen de gist en 100 ml warm water in een mengkom en laat dit 10-15 minuten staan, of tot het schuimig is.

e) Giet de bloem in een keukenmixer voorzien van een deeghaak en voeg de poolish starter en het uienwater toe zodra het gistmengsel is opgeschuimd.

f) Begin met mixen op lage snelheid om het deeg te combineren, verhoog vervolgens naar gemiddelde snelheid en kneed het deeg gedurende 5 minuten.

g) Kneed nog een minuut nadat je het zout hebt toegevoegd.

h) kneed 10-15 minuten met uw handen op een licht met bloem bestoven werkvlak). Laat het deeg in een warme omgeving gedurende maximaal 2 uur in volume verdubbelen, afgedekt met ingevette huishoudfolie.

i) Pons het deeg een paar keer naar beneden om het terug te slaan en snijd het vervolgens in 8 gelijke stukken.

j) Rol het deeg uit tot platte cirkels, prik gaatjes in het midden zodat de vulling een dip krijgt, en leg het op een met bloem bestoven bakplaat.

k) Wanneer alle vormen klaar zijn, dek je losjes af met huishoudfolie of een vochtige theedoek. Laat nog eens 20 minuten rijzen tot het deeg opgezwollen en rond is.

l) Maak de vulling terwijl het deeg aan het rijzen is. Snijd de geblancheerde ui fijn en doe deze in een kleine pan met de olie. Bak tot het gesmolten en goudbruin is en voeg dan het gerookte zeezout en de paprika toe, onder voortdurend roeren. Kook nog een paar minuten en voeg dan de maanzaadjes en een snufje zwarte peper toe. Koel

m) Verwarm de oven voor op 220 graden Celsius/hetelucht 200 graden Celsius/gasstand 7. Wanneer de bialys klaar is om te bakken, doe je ongeveer 1 eetlepel uien in het midden van elke bialys en bestrooi ze met maanzaad en sesamzaad.

n) Plaats een omgedraaid diep blik op de bialys en plaats er een ovenvast gewicht op - een grote ovenschaal of zelfs een blok.

o) Bak gedurende 15 minuten, verwijder dan de vorm en bak nog eens 5-8 minuten, totdat de bialys zacht goudbruin is.

24. Kokosnoot Paczki

INGREDIËNTEN:
- 1 1/3 kopje plantaardige kokosmelk
- 1/3 kopje suiker
- 2 flinke theelepels gist
- 1/2 theelepel zout
- 1 theelepel vanille
- Een paar shakes nootmuskaat en kardemom (optioneel)
- 2 3/4 kopjes bloem voor alle doeleinden

INSTRUCTIES:
a) Meng in een grote mengkom alle ingrediënten behalve de bloem.
b) Kneed het deeg alleen voldoende om het samen te laten komen.
c) Dek de kom af met plasticfolie en laat 2 uur rijzen of tot het volume verdubbeld is.
d) Stort het deeg voorzichtig op een met bloem bestoven bord. Snij na het uitrollen in rondjes tot een dikte van 1/2 inch.
e) Plaats de donuts op een met bakpapier beklede bakplaat die met bloem is bestrooid. Dek af met plasticfolie en laat nog een uurtje rijzen.
f) Verhit wat plantaardige olie in je frituurpan.
g) Bak 2-3 minuten per kant en laat ze vervolgens uitlekken op keukenpapier om af te koelen voordat u ze vult.
h) Gebruik een spuitzak en spuitmondje, vul met jam of vla en rol in poeder- of kristalsuiker. Genieten!

25.Koolrabi Schnitzel

INGREDIËNTEN:
- 1 grote koolrabi
- frituurolie
- 1/4 kopje bloem voor alle doeleinden (je kunt het toevoegen aan besan- of sojameel)
- 1/2 kopje water
- 1/2 theelepel paprikapoeder
- 1/2 theelepel zout

BREKEN
- 1/3 kopje broodkruimels
- 1/2 theelepel zout
- 1/2 theelepel paprikapoeder
- 1 theelepel gemalen pompoenpitten (optioneel)
- 1 theelepel sesamzaadjes (optioneel)

INSTRUCTIES:
a) Was de koolrabi en verwijder eventuele resterende bladeren. koolrabi moet in 4-6 plakjes worden gesneden (ongeveer 1/3 inch dik). Verwijder met een dunschiller de buitenste laag.
b) Breng water in een grote pan aan de kook en voeg de koolrabiplakjes toe. Houd rekening met een kooktijd van 10 minuten. In het midden zouden ze doorschijnend moeten worden. Giet ze vervolgens af, dep ze droog met keukenpapier en laat ze afkoelen.
c) Combineer de ingrediënten voor het paneermeel in een aparte kom.
d) Bestrijk de koolrabiplakjes met het paneermeel als ze koel genoeg zijn om te hanteren.
e) Verhit de frituurolie in een grote pan (voldoende om de bodem te bedekken) en voeg de gepaneerde koolrabischnitzel toe. Bak ongeveer 5 minuten per kant op middelhoog vuur. Aan beide kanten moeten ze goudbruin en knapperig zijn.
f) Leg ze na het frituren op keukenpapier om overtollige olie te absorberen en geniet ervan!

26.Tsjechische pannenkoeken met gist

INGREDIËNTEN:
- 225 g bloem voor alle doeleinden
- 240 ml warme plantaardige melk
- 1⅙ theelepel snelle gist ca. 4 gram
- 1 eetlepel suiker
- Snufje zout
- 5 eetlepels plantaardige olie
- Voor de compote
- 1,5 kopjes verse of bevroren bessen
- 1 eetlepel ahornsiroop
- ¼ theelepel vanillebonenpasta of -extract

INSTRUCTIES:
a) Verwarm de oven voor op de laagst mogelijke stand.
b) Klop in een grote mengkom de gist en suiker gedurende ongeveer 30 seconden door de warme plantaardige melk.
c) Giet de bloem erbij, voeg een snufje zout toe en roer 2-3 minuten. Dek de kom af met een doek en plaats hem in het midden van de oven gedurende 50-60 minuten tot hij in volume verdubbeld is.
d) Verhit 1-2 theelepels olie in een grote pan, zet het vuur laag en doe lepels beslag in de pan (zonder dat de pan te vol wordt). Het beslag zal plakkerig zijn.
e) Bak de pannenkoekjes ongeveer 2,5 minuut aan elke kant op een laag vuur. Serveer meteen.
f) Om de fruitcompote te bereiden, combineer het fruit, de ahornsiroop en de vanille in een pan en kook gedurende 5 minuten op middelhoog vuur, of totdat het fruit zacht wordt en sap begint af te geven.

HOOFDGERECHT

27. Gemarineerd rundvlees met roomsaus

INGREDIËNTEN:
- 2 pond runderlende
- 2 uien, gehakt
- 2 wortels, gehakt
- 2 stengels bleekselderij, gehakt
- 2 kopjes runderbouillon
- 1 kopje zware room
- 1/2 kopje witte wijnazijn
- 1/4 kop plantaardige olie
- 3 eetlepels bloem voor alle doeleinden
- 2 eetlepels dijonmosterd
- Zout en peper naar smaak
- 1 laurierblad
- 5 hele pimentbessen

INSTRUCTIES:
a) Marineer rundvlees in een mengsel van uien, wortels, selderij, azijn, olie, zout en peper gedurende enkele uren.
b) Haal het rundvlees uit de marinade, schroei tot het bruin is.
c) Doe het in een pot en voeg de marinade, runderbouillon, laurier en piment toe.
d) Laat sudderen tot het vlees gaar is.
e) Verwijder het vlees, zeef de bouillon en voeg room, bloem en mosterd toe.
f) Kook tot de saus dikker wordt. Snijd het rundvlees in stukken en serveer met de saus.

28.Varkensvlees met dumplings en zuurkool

INGREDIËNTEN:
- 2 pond varkensschouder, in plakjes gesneden
- 1 ui, gehakt
- 2 teentjes knoflook, fijngehakt
- 1 theelepel karwijzaad
- Zout en peper naar smaak
- 4 kopjes zuurkool
- 1 eetlepel plantaardige olie
- Dumplings (in de winkel gekocht of zelfgemaakt)

INSTRUCTIES:
a) Kruid het varkensvlees met peper, zout en karwijzaad.
b) Braad het varkensvlees in olie tot het bruin is.
c) Voeg uien en knoflook toe, kook tot ze zacht zijn.
d) Voeg de zuurkool toe, dek af en laat sudderen tot het varkensvlees gaar is.
e) Bereid dumplings volgens verpakking of recept.
f) Serveer varkensvlees over dumplings met zuurkool.

29.Tomatensaus Met Kip

INGREDIËNTEN:
- 4 kipfilets
- 2 eetlepels plantaardige olie
- 1 ui, gehakt
- 2 teentjes knoflook, fijngehakt
- 2 kopjes tomatenpuree
- 1 kopje kippenbouillon
- 1 theelepel suiker
- 1 theelepel gedroogde marjolein
- Zout en peper naar smaak
- 1/2 kop zware room (optioneel)

INSTRUCTIES:
a) Kruid de kip met zout en peper.
b) Braad de kip in olie tot hij bruin is, haal hem uit de pan.
c) Fruit de uien en knoflook tot ze zacht zijn.
d) Voeg tomatenpuree, kippenbouillon, suiker en marjolein toe.
e) Doe de kip terug in de pan en laat sudderen tot hij gaar is.
f) Eventueel room erdoor roeren. Serveer met rijst of pasta.

30.Smažený Sýr (gebakken kaas)

INGREDIËNTEN:
- 4 plakjes Edammer of Goudse kaas
- 1 kopje broodkruimels
- 2 eieren, losgeklopt
- Meel voor baggeren
- Plantaardige olie om te frituren
- Tartaarsaus om te serveren

INSTRUCTIES:
a) Haal de plakjes kaas door de bloem.
b) Doop in losgeklopte eieren en bestrijk ze met paneermeel.
c) Verhit de olie in een pan en bak de kaas goudbruin.
d) Serveer met tartaarsaus en garneer met citroen.

31.Dumplings met kool en gerookt vlees

INGREDIËNTEN:
- 4 kopjes bloemige aardappelen, geschild en geraspt
- 2 kopjes bloem
- 2 eieren
- Zout
- 1 kleine koolkop, versnipperd
- 1 pond gerookt vlees (bijvoorbeeld gerookt varkensvlees)
- Boter om te serveren

INSTRUCTIES:
a) Meng geraspte aardappelen, bloem, eieren en een snufje zout tot knoedeldeeg.
b) Vorm dumplings en kook tot ze drijven.
c) Fruit de geraspte kool tot ze gaar is.
d) Snijd het gerookte vlees in plakjes en serveer met knoedels en kool.
e) Bestrijk met gesmolten boter.

32. Hovězí Guláš (rundvleesgoulash)

INGREDIËNTEN:
- 2 pond rundvleesstoofvlees, in blokjes
- 2 uien, fijngehakt
- 3 teentjes knoflook, fijngehakt
- 2 eetlepels zoete paprika
- 1 theelepel karwijzaad
- 2 eetlepels tomatenpuree
- 2 kopjes runderbouillon
- Zout en peper naar smaak
- Olie om te koken

INSTRUCTIES:
a) Braad de rundvleesblokjes in olie tot ze bruin zijn.
b) Voeg uien en knoflook toe, kook tot ze zacht zijn.
c) Roer de paprika, karwijzaad en tomatenpuree erdoor.
d) Giet de runderbouillon erbij, breng op smaak met peper en zout.
e) Laat sudderen tot het rundvlees gaar is en de saus dikker wordt.

33.Svíčková na Houbách (entrecote met champignons)

INGREDIËNTEN:
- 2 pond runderlende
- 1 ui, fijngehakt
- 2 teentjes knoflook, fijngehakt
- 1 kopje champignons, in plakjes gesneden
- 1 kopje runderbouillon
- 1 kopje zware room
- 2 eetlepels plantaardige olie
- 2 eetlepels bloem
- Zout en peper naar smaak

INSTRUCTIES:
a) Braad het rundvlees in olie tot het bruin is, haal het uit de pan.
b) Fruit de uien, knoflook en champignons tot ze zacht zijn.
c) Roer de bloem erdoor en voeg geleidelijk de runderbouillon en room toe.
d) Doe het rundvlees terug in de pan en laat sudderen tot het gaar is.
e) Breng op smaak met zout en peper.

34.Geroosterde Eend Met Zure Saus

INGREDIËNTEN:
- 1 hele eend, schoongemaakt en gedroogd
- Zout en peper naar smaak
- 1 ui, in vieren
- 2 appels, klokhuis verwijderd en in plakjes gesneden
- 1 kop kippen- of groentebouillon
- 1 kopje zure room
- 2 eetlepels bloem
- 2 eetlepels suiker

INSTRUCTIES:
a) Eend op smaak brengen met zout en peper.
b) Vul de eend met kwartjes ui en appelschijfjes.
c) Rooster de eend in de oven goudbruin en gaar.
d) Meng bloem en suiker in een pan, voeg bouillon en zure room toe.
e) Kook tot de saus dikker wordt en serveer met de geroosterde eend.

35.Bramborový Guláš (aardappelgoulash)

INGREDIËNTEN:
- 4 grote aardappelen, geschild en in blokjes
- 1 ui, fijngehakt
- 2 teentjes knoflook, fijngehakt
- 2 eetlepels zoete paprika
- 1 theelepel karwijzaad
- 1 kop groente- of runderbouillon
- 2 eetlepels tomatenpuree
- 2 eetlepels plantaardige olie
- Zout en peper naar smaak
- Verse peterselie ter garnering

INSTRUCTIES:
a) Fruit in een pan de uien en knoflook in plantaardige olie tot ze zacht zijn.
b) Voeg in blokjes gesneden aardappelen, paprikapoeder en karwijzaad toe. Kook een paar minuten.
c) Roer de tomatenpuree erdoor en giet de bouillon erbij.
d) Laat sudderen tot de aardappelen gaar zijn. Breng op smaak met zout en peper.
e) Garneer voor het serveren met verse peterselie.

36.Spinazie Met Aardappelknoedels

INGREDIËNTEN:
- 1 pond verse spinazie, gewassen en gehakt
- 4 grote aardappelen, gekookt en gepureerd
- 1 kopje bloem
- 2 eieren
- Zout en peper naar smaak
- Boter om te serveren

INSTRUCTIES:

a) Meng aardappelpuree, bloem, eieren, zout en peper tot knoedeldeeg.
b) Vorm dumplings en kook tot ze drijven.
c) Fruit de gehakte spinazie in boter tot ze geslonken is.
d) Serveer spinazie over de aardappelknoedels. Voeg indien gewenst meer boter toe.

37.Utopenci (ingelegde worstjes)

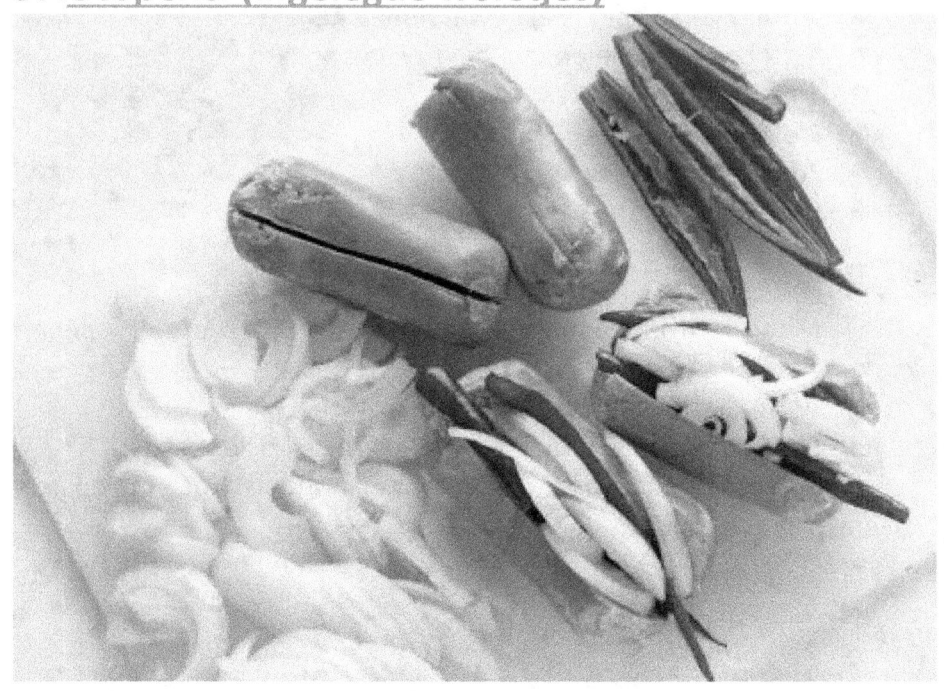

INGREDIËNTEN:
- 1 pond worstjes (variëteiten zoals Klobása werken goed)
- 1 ui, in dunne plakjes gesneden
- 1 eetlepel olie
- 1 eetlepel paprikapoeder
- 1 theelepel karwijzaad
- 1 theelepel suiker
- 1 kopje water
- Azijn naar smaak
- Zout en peper naar smaak

INSTRUCTIES:
a) Fruit de gesneden uien in een pan in olie tot ze goudbruin zijn.
b) Voeg paprikapoeder, karwijzaad en suiker toe. Goed mengen.
c) Giet water en azijn erbij. Breng aan de kook.
d) Voeg de worstjes toe en kook tot ze warm zijn.
e) Breng op smaak met zout en peper. Serveer warm.

38.Champignonsaus met Pasta

INGREDIËNTEN:
- 2 kopjes champignons, in plakjes gesneden
- 1 ui, fijngehakt
- 2 teentjes knoflook, fijngehakt
- 1 kop groente- of kippenbouillon
- 1 kopje zware room
- 2 eetlepels boter
- 2 eetlepels bloem
- Zout en peper naar smaak
- Verse peterselie ter garnering
- Gekookte pasta

INSTRUCTIES:

a) Fruit in een koekenpan de uien en knoflook in boter tot ze zacht zijn.

b) Voeg de gesneden champignons toe en kook totdat ze hun vocht vrijgeven.

c) Strooi bloem over de champignons, roer goed.

d) Giet de bouillon en de room erbij en roer voortdurend tot de saus dikker wordt.

e) Breng op smaak met zout en peper. Serveer met gekookte pasta, gegarneerd met verse peterselie.

39. Vegetarische bigo's

INGREDIËNTEN:
- 1 c gedroogde paddenstoelen
- 2 middelgrote uien, gehakt
- 2 eetlepels olie
- 8-10 oz / 250 g verse champignons
- 1/2 theelepel zout
- 1/4 - 1/2 theelepel gemalen peper
- 5 - 6 peperkorrels en pimentbessen
- 2 laurierblaadjes
- 1 wortel
- 15 pruimen
- 1 theelepel komijn
- 1 eetl gerookt paprikapoeder
- 3 el tomatenpuree
- 1 c droge rode wijn
- 1 krop middelgrote kool

INSTRUCTIES:
a) Week gedroogde paddenstoelen minimaal een uur in water.
b) Verhit de olie in een grote pan en fruit de gesnipperde ui. Maak de champignons schoon, snijd ze in plakjes en voeg ze toe aan de uien zodra ze bruin beginnen te worden aan de randen. Blijf sauteren met zout, gemalen peper, peperkorrels, piment en laurierblaadjes.
c) Wortelen moeten worden geschild en versnipperd. Gooi in de pot.
d) Roer de in vieren gesneden pruimen, komijn, gerookte paprika, tomatenpuree en wijn erdoor.
e) Kool moet in vieren worden gesneden en in plakjes worden gesneden. Meng alles samen in de pot.
f) Dek af en kook de kool tot hij iets in volume is afgenomen. Kook nog eens 10 minuten, of tot de kool gaar is.

40.Silezische dumplings

INGREDIËNTEN:
- 6 tot 7 middelgrote aardappelen, geschild
- 1 afgestreken eetlepel zout
- 120 g aardappelzetmeel, indien nodig

INSTRUCTIES:
a) Kook de aardappelen tot ze zacht zijn in gezouten water. Giet af en pureer met een aardappelstamper tot een gladde massa. Om een vlakke laag aardappelen op de bodem van de pan te maken, drukt u met uw handen naar beneden.
b) Snijd de aardappellaag met een mes in vier gelijke helften. Verwijder één component en verdeel het gelijkmatig over de overige drie. Slechts een vierde van de pan wordt gebruikt.
c) Voeg voldoende aardappelmeel toe om het lege kwart tot hetzelfde niveau te vullen als de aardappellaag. De bloemlaag moet worden gladgestreken.
d) Breng water aan de kook in een grote pan.
e) Maak met je handen kleine balletjes ter grootte van een walnoot. Maak het een beetje plat en maak met je duim een gaatje in het midden.
f) Voeg een paar dumplings toe aan het kokende water en zorg ervoor dat de pan niet te vol raakt. Roer met een houten lepel om te voorkomen dat ze aan de bodem van de pan blijven plakken en kook tot ze naar boven drijven. Verwijder de kip met een schuimspaan en serveer met saus of room.

41.Rijstijs met appels

INGREDIËNTEN:
- 2 kopjes rijst
- 4 kopjes plantaardige melk
- 1/2 theelepel zout
- 4 zure appels
- 1/4 theelepel gemalen nootmuskaat
- 2 eetlepels suiker
- 1/12 theelepel kaneel
- 1 theelepel vanille
- 2 theelepel + 2 theelepel kokosboter

INSTRUCTIES:
a) Verwarm de plantaardige melk met zout in een middelgrote pan. Voeg de gewassen rijst toe en kook op laag vuur tot het gaar is.
b) Blijf de rijst roeren. Schraap het er alleen af als het aan de bodem blijft plakken. Blijf zachtjes roeren tot de rijst gaar is.
c) Verwarm de oven voor op 350 graden Fahrenheit (180 graden Celsius).
d) Appels in een groenteversnipperaar versnipperen nadat ze geschild en ontkernd zijn. Kook tot de vloeistof is verdampt in een droge pan met nootmuskaat.
e) Voeg suiker, kaneel en vanille toe aan de gekookte rijst. Roer alles grondig door elkaar.
f) Vet een pan van 20 x 20 cm in met kokosboter. De helft van de rijst moet op de bodem van de pan komen, gevolgd door alle appels en de resterende rijst. Er worden dunne plakjes kokosboter bovenop gelegd.
g) Kook gedurende 20 minuten. Serveer warm of gekoeld.

42.Tsjechische noedels en knoedels

INGREDIËNTEN:
- 2 pakjes droge gist
- 4 theelepels suiker
- 1 kopje plus 2 eetlepels warme plantaardige melk
- 1 pond bloem voor alle doeleinden
- 1 theelepel zout
- 3 eetlepels kokosboter, gesmolten

INSTRUCTIES:
a) Maak een spons in een kleine kom door gist en suiker op te lossen in plantaardige melk en er 1/2 kopje bloem door te mengen.
b) Combineer het resterende bloem-, zout- en gistmengsel in een grote mengkom. Meng ongeveer 5 minuten met de hand of machinaal, of totdat er blaasjes ontstaan en loskomen van de zijkant van de kom. Meng de afgekoelde, gesmolten kokosboter er goed door.
c) Laat rijzen tot het in volume verdubbeld is. Leg het op een met bloem bestoven oppervlak en kneed extra bloem als het deeg te plakkerig is. Snijd met een 3-inch cutter of glas na het kloppen tot een dikte van 1 inch. Restjes kunnen opnieuw worden gerold en een tweede keer worden gesneden. Laat rijzen tot twee keer zo groot.
d) Vul ondertussen twee grote potten voor 3/4 met water. Bind een cirkel meelzak of ander pluisvrij materiaal met slagerstouw over de bovenkant van de potten en breng het water aan de kook. Doe zoveel dumplings als er in de container passen.
e) Stoom de dumplings gedurende 15 minuten met het deksel op de pan. De dumplings vallen in elkaar als de deksel tijdens het stoomproces wordt opgetild.
f) Je kunt ook een spatscherm op de pot plaatsen, zoveel dumplings toevoegen als er passen zonder ze aan te raken, en dek af met een hittebestendige plastic kom die omgekeerd is.
g) Laat de dumplings afkoelen op een rooster. Vries dumplings in of bewaar ze in een zak met ritssluiting in de koelkast.

43.Macaroni met aardbeien

INGREDIËNTEN:
- Macaroni naar keuze
- 3 kopjes aardbeien, vers of bevroren
- 1 kopje gewone plantaardige yoghurt, kokosroom of Griekse plantaardige yoghurt
- suiker naar smaak

INSTRUCTIES:
a) Volg de aanwijzingen op de verpakking voor het maken van pasta naar keuze.
b) Was en verwijder de steeltjes van de aardbeien. Snijd wat aardbeien in stukjes en leg ze op de schaal.
c) Meng in een blender de resterende aardbeien, room of plantaardige yoghurt, suiker en vanille-extract.
d) Als je een grovere saus wilt, pureer je de aardbeien met een vork of meng je ze in gedeelten, waarbij je de laatste aardbeien even kort met de blender mengt.
e) Meng de gekookte macaroni met de aardbeiensaus. Het is heerlijk warm of koud.

44. Tsjechische koolrolletjes

INGREDIËNTEN:
- 1 krop witte kool
- 120 g boekweitgrutten
- 3 eetlepels kokosboter
- 2 eetlepels olijfolie
- 1 ui, gehakt
- 1 teentje knoflook, fijngehakt
- 300 g champignons, gehakt
- 1 eetlepel gedroogde marjolein
- 2 groentebouillonblokjes
- sojasaus naar smaak
- zout en peper naar smaak

INSTRUCTIES:
a) Breng in een grote ketel water aan de kook. Verwijder de kern van de kool voordat u deze in de pot plaatst. Zodra de buitenste bladeren zachter worden, verwijdert u ze. Het dikke deel van de koolribben moet worden bijgesneden. Verwijder uit de vergelijking.
b) Bereid ondertussen de boekweitgrutten volgens de richtlijnen op de verpakking. Giet af en houd 1 eetlepel kokosboter apart.
c) Verhit de olie in een koekenpan en fruit de ui en knoflook.
d) Smelt 1 eetlepel kokosboter in dezelfde koekenpan en bak de champignons. Voeg de boekweit en de gebakken uien toe. Marjolein, sojasaus, zout en peper naar smaak. Meng grondig.
e) Plaats kleine of gebroken koolbladeren op de bodem van een ovenschaal. Voeg in het midden van elk blad ongeveer 2 theelepels vulling toe.
f) Steek het stengeluiteinde van de kool over de vulling en vouw vervolgens de zijkanten van de kool eroverheen. Maak een pakketje van de kool door het op te rollen en de uiteinden over elkaar te leggen om het dicht te maken. Leg elk stuk in de voorbereide braadpan, met de naad naar beneden.
g) Los de bouillonblokjes op in een maatbeker van 500 ml en giet dit over de koolrolletjes. Voeg als laatste de kokosboter toe. Bedek met de rest van de koolbladeren.
h) Laat 30 tot 40 minuten op laag vuur sudderen.

45. Tsjechische Knedel met Pruimen

INGREDIËNTEN:
- aardappelen (350 g), gekookt, gekoeld en geschild
- 1/2 kopje havermeel
- 1/4 kopje appelmoes
- 12-14 of 7-8 pruimen

INSTRUCTIES:
a) Kook de aardappelen en laat ze afkoelen.
b) Als u grote pruimen gebruikt, snijd ze dan doormidden.
c) Verwerk de aardappelen met behulp van een aardappelrooier.
d) Kneed de aardappelrijst, havermeel en appelmoes samen tot een stevig deeg ontstaat. (Het zal een beetje plakkerig zijn.)
e) Rol het deeg uit op een vlakke ondergrond en snijd het in 12-14 ronde stukken van gelijke grootte.
f) Voor kleine cirkels rol je het deeg uit.
g) Sluit elke cirkel af door een pruim/pruimhelft in het midden te plaatsen. Het is een goed idee om natte handen te hebben, omdat dit het sluiten van de knie makkelijker maakt.
h) Breng in een grote pan water aan de kook.
i) Zet het vuur laag en laat het water glinsteren voordat je 3-4 knedels aan de pan toevoegt.
j) Kook ongeveer 5 minuten zodra ze het wateroppervlak bereiken.

SOEPEN

46.Tarator (komkommersoep)

INGREDIËNTEN:
- 1 komkommer
- 1 kopje yoghurt
- Wat dille
- Verschillende walnoten
- Zout, plantaardige olie en water

INSTRUCTIES:
a) Rasp of snij de komkommer(s) fijn en doe ze in een grote kom.
b) Voeg gemalen walnoten en fijngehakte verse dille toe.
c) Giet de yoghurt erbij.
d) Voeg geleidelijk water toe - de dikte is naar smaak.
e) Voeg als laatste de plantaardige olie toe.

47. Aardappel soep

INGREDIËNTEN:
- 1 pastinaak
- Champignons (1-2 kopjes)
- 4-6 aardappelen, in blokjes
- 6 teentjes knoflook
- 6-8 kopjes water
- 1 eetl knolselderijkruiden
- 1/4 kopje gedroogde champignons, gehakt
- Ongeveer 1/2 kop gehakt spek
- 1/2 kopje bloem
- 1/2 kopje water
- 1/4 kop marjolein
- Zout en peper naar smaak
- 1 bosje bieslook, fijngehakt

INSTRUCTIES:
a) Snijd de pastinaak, champignons en aardappelen in kleine stukjes.
b) Rasp 6 teentjes knoflook en doe ze in een pan met water, gehakt spek, knolselderijkruiden en gedroogde champignons.
c) Voeg na 45 minuten een roux van zonnebloemolie en bloem toe. Breng op smaak met marjolein, zout en peper.
d) Kook de soep ongeveer 1,5 uur.

48.Tsjechische Goulash (Skvělý Hovězí Guláš)

INGREDIËNTEN:
- 4 eetlepels olie om te frituren
- 5 teentjes knoflook
- 1 theelepel gemalen zoete paprika
- 3 stuks ui
- 1 theelepel marjolein
- 1 theelepel gemalen hete peper
- 750 gram rundvlees
- 1 theelepel gemalen komijn

INSTRUCTIES:

a) Verwarm de olie in een grote pan op middelhoog vuur. Voeg de ui en knoflook toe.

b) Voeg het rundvlees toe en laat het aan de buitenkant bruin worden.

c) Voeg paprika toe en roer tot het vlees bedekt is.

d) Voeg bloem en tomatenpuree toe totdat het sap is opgenomen en voeg dan water toe om het vlees met wat extra te bedekken.

e) Meng de bloem goed om alle klontjes te verwijderen. Voeg zout en peper toe.

f) Breng aan de kook, dek af en laat ongeveer twee uur op laag vuur sudderen.

g) De saus zal geleidelijk dikker worden en het vlees zal zacht worden. Eenmaal klaar, serveer.

49.Zure Pickle Soep

INGREDIËNTEN:
- 6 kopjes groentebouillon
- 1 ½ kopje geraspte wortel
- ½ kopje in blokjes gesneden selderij
- 1 kop geschilde verse aardappelen, in blokjes gesneden
- 1 kopje knoflook of dille augurken, versnipperd
- Meel, indien nodig (ongeveer ¼ kopje)

INSTRUCTIES:
a) Breng de bouillon in een grote pan snel aan de kook, zet het vuur laag en laat sudderen. Laat 15 minuten sudderen met de wortels, selderij en aardappelen.

b) Laat 30 minuten sudderen, of tot de aardappelen gaar zijn, en voeg indien nodig augurken toe. Als je een dikkere soep wilt, maak dan een pasta van gelijke delen bloem en water.

c) Giet langzaam de melk erbij, onder voortdurend roeren, tot de soep licht ingedikt is.

50. Borsjt

INGREDIËNTEN:
- 2 bosjes bieten met groen (ongeveer 8-9 middelgrote bieten)
- ½ kopje gehakte ui
- Een pond kan gestoofde tomaten
- 3 Eetlepels vers citroensap
- ⅓ kopje gegranuleerde zoetstof

INSTRUCTIES:
a) Boen en reinig de bieten, maar laat de schil eraan. Houd de greens veilig. Combineer de bieten, ui en 3 liter water in een grote pot.
b) Laat een uur koken, of tot de bieten extreem zacht zijn. Haal de bieten uit het water, maar GOOI HET WATER NIET WEG. Gooi de uien eruit.
c) Doe de bieten terug in het water nadat u ze fijngehakt hebt. Groenen moeten worden gewassen en gehakt voordat ze aan water worden toegevoegd. Meng de tomaten, het citroensap en de zoetstof in een mengkom. Kook gedurende 30 minuten op middelhoog vuur, of tot de groenten gaar zijn.
d) Voor het serveren minimaal 2 uur koel laten staan.

51. Aardbei / Bosbessensoep

INGREDIËNTEN:
- 1 pond verse aardbeien of bosbessen, goed schoongemaakt
- 1 ¼ kopjes water
- 3 eetlepels gegranuleerde zoetstof
- 1 Eetlepel vers citroensap
- ½ kopje soja- of rijstkoffiecreamer
- Optioneel: 2 kopjes gekookte, gekoelde noedels

INSTRUCTIES:

a) Meng het fruit in een middelgrote pan met het water en breng het snel aan de kook.

b) Zet het vuur laag, dek af en kook gedurende 20 minuten, of tot het fruit heel zacht is.

c) Meng in een blender tot een gladde massa. Doe de puree terug in de pan en roer de suiker, het citroensap en de creamer erdoor. Laat na het roeren 5 minuten sudderen.

d) Voor het serveren de soep minimaal 2 uur laten afkoelen.

e) Deze soep wordt traditioneel puur of met koude noedels geserveerd.

52.Koolsoep

INGREDIËNTEN:
- 2 Eetlepels margarine
- 2 kopjes geraspte groene kool
- ½ theelepel zwarte peper
- 3 kopjes water
- 2 kopjes geschilde en in blokjes gesneden aardappelen
- ½ kopje gehakte verse tomaat

INSTRUCTIES:

a) Smelt de margarine in een soeppan.

b) Voeg de kool en de peper toe en kook ongeveer 7 minuten, of tot de kool bruin is.

c) Gooi de aardappelen, tomaten en water erdoor; dek af en kook gedurende 20 minuten, of tot de aardappelen gaar zijn.

53. Groentesoep

INGREDIËNTEN:
- soepgroenten (2 wortels, ½ knolselderij, 1 prei, verse peterselie)
- 1 kop (100 g) bloemkoolroosjes
- ½ kopje (50 g) gekookte maïs
- zout en peper
- optioneel: bouillonblokje, ui

INSTRUCTIES:
a) Breng 2 liter water aan de kook in een grote pan.
b) Snijd de wortels, knolselderij en prei in plakjes van 1/4 inch (6 mm). Zet het vuur laag en voeg de gesneden groenten, bloemkoolroosjes en maïs toe aan het kokende water.
c) Breng op smaak met peper en zout en laat ongeveer 40 minuten op middelhoog vuur sudderen.
d) Garneer met in blokjes gesneden peterselieroosjes.

54.Tomatensoep

INGREDIËNTEN:
- 2 liter bouillon
- 2 eetlepels kokosroom
- 1 eetlepel bloem
- 5 oz (150 ml) tomatenpuree
- zout en peper
- Dille

INSTRUCTIES:
a) soepgroenten afgieten (2 wortels, 12 uien, 12 knolselderij, 1 prei, talrijke peterseliestengels) en het vocht bewaren.
b) Meng de kokosroom met de bloem en voeg deze samen met de tomatenpuree toe aan de bouillon.
c) Breng op hoog vuur aan de kook, breng op smaak met peper en zout en garneer met dille.
d) Om de soep meer vullend te maken, kun je rijst of noedels toevoegen.

55.Augurk soep

INGREDIËNTEN:
- 3 aardappelen
- 1 bouillonblokje
- 1 eetl kokosboter
- 2 grote augurken, fijngesneden
- 1 kop (250 ml) augurkensap
- 2 eetlepels kokosroom
- 1 eetlepel bloem
- zout
- Dille

INSTRUCTIES:
a) Schil de aardappelen, snijd ze in blokjes van 1,3 cm en kook ze vervolgens met het bouillonblokje en de kokosboter in 2 liter water.
b) Voeg de fijngesneden augurken en het augurkensap toe na ongeveer 20 minuten, wanneer de aardappelen zacht beginnen te worden.
c) Combineer de kokosroom en de bloem in een aparte kom en voeg dan geleidelijk 3 eetlepels van de bouillon toe die op het vuur kookt. Doe het mengsel vervolgens terug in de soep en breng het weer aan de kook.
d) Voeg naar smaak zout en in blokjes gesneden dille toe (maar proef eerst de soep om er zeker van te zijn dat het augurkensap niet te overheersend is).
e) In plaats van de aardappelen kan rijst gebruikt worden. Als de soep klaar is, sla je stap 1 over en voeg je 3 kopjes gekookte rijst toe.

56.Zure roggesoep

INGREDIËNTEN:
- 2 liter bouillon
- 2 kopjes verzuurd roggemeel
- 2 eetlepels bloem
- Zout
- 2 teentjes knoflook
- optioneel: champignons

INSTRUCTIES:

a) Kook soepgroenten (2 wortels, 12 uien, 1 selderij, 1 prei, talrijke peterseliestengels) in 2 liter water om bouillon te maken. Indien gewenst kun je ook wat gehakte champignons toevoegen.

b) Giet de soep door een zeef, bewaar het vocht en voeg het urekmengsel en de bloem toe aan de bouillon als de groenten gaar zijn (ongeveer 40 minuten).

c) Je kunt op smaak brengen met zout.

d) Voeg de knoflook toe aan de bouillon, fijn geraspt of in blokjes gesneden.

57. Gekoelde bietensoep

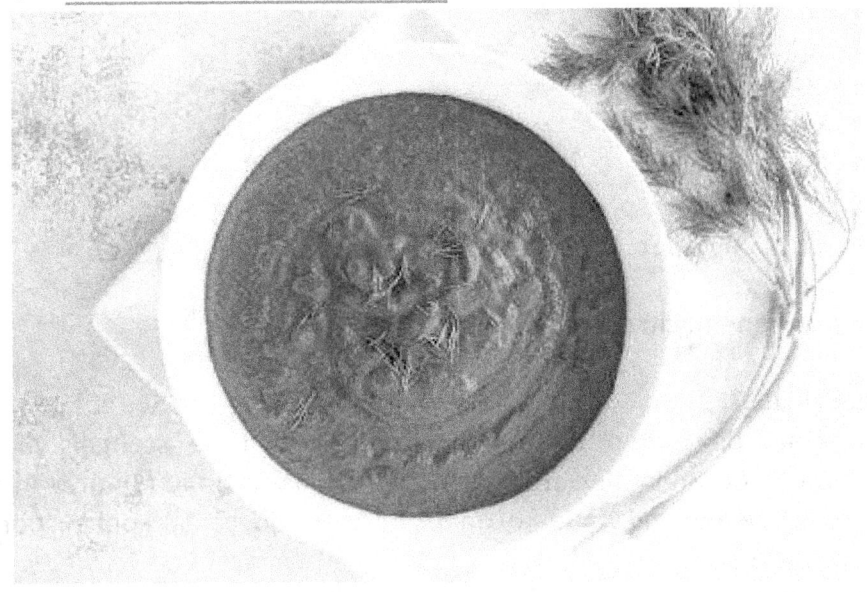

INGREDIËNTEN:
- 1 bos bieten
- 1 komkommer
- 3-5 radijsjes
- dille
- bieslook
- 1 qt (1 l) pure plantaardige yoghurt
- zout en peper
- suiker
- optioneel: citroensap

INSTRUCTIES:

a) Haal de bieten uit de bos, snijd alleen de stengels en de bietenbladeren in fijne stukjes en laat ze ongeveer 40 minuten in een kleine hoeveelheid water koken tot ze zacht zijn. Laat afkoelen voordat u het serveert.

b) Komkommer, radijs, dille en bieslook moeten allemaal fijngehakt worden. Voeg deze ingrediënten samen met het bietenmengsel toe aan de plantaardige yoghurt en roer goed door.

c) Breng op smaak met zout, peper, suiker en indien gewenst citroensap. Blend of pureer de soep als je een gladdere textuur wilt.

d) Serveer gekoeld met in blokjes gesneden dille erbovenop.

e) Traditioneel wordt deze soep gemaakt met alleen de stengels en bladeren van de bietenplant. Je kunt echter alleen de bieten gebruiken. 1 pond gekookte bieten, fijn geraspt en gecombineerd met de overige ingrediënten

58. Fruitsoep

INGREDIËNTEN:
- 1 eetl aardappelmeel
- 1 kop (250 ml) bouillon, gekoeld
- 3 appels
- 250 g pruimen of kersen
- ⅓–½ kopje (75–115 g) suiker

INSTRUCTIES:

a) Om een brij te maken, meng je de helft van de koude bouillon met de bloem.

b) Kook de appels, pruimen of kersen in 1½ liter water nadat je ze hebt geschild. Als het fruit zacht is, rasp je het op een fijne rasp of pureer je het met het water in een blender en breng je het op smaak met suiker.

c) Combineer de bloem en de bouillonbrij in een mengkom.

d) Roer het bouillonmengsel erdoor tot alles goed gemengd is.

e) Voor het maken van deze soep kun je ander fruit gebruiken. Pruimen, rabarber, wilde aardbeien, frambozen, bramen en kersen worden allemaal gebruikt in bepaalde klassieke Tsjechische fruitsoepen. Voor een mildere smaak kun je plantaardige melk of kokosroom gebruiken, samen met suiker.

f) Tijdens de warme zomermaanden is deze soep, samen met de chodnik, ideaal.

59. Aardappel soep

INGREDIËNTEN:
- 1½ qt (1½ l) groentebouillon
- 2 uien
- 2 preien
- 5 teentjes knoflook
- 3 eetlepels olijfolie
- 4 aardappelen
- kruiden: laurierblaadjes, tijm, bieslook
- zout en peper

INSTRUCTIES:
a) Snijd de uien en prei fijn, snijd ze in ringen van 6 mm en bak ze in olijfolie met de in plakjes gesneden knoflookteentjes.
b) Snijd de aardappelen in blokjes na het schoonmaken, schillen en schoonmaken.
c) Voeg de aardappelen, kruiden, zout en peper toe als de uien en prei middenbruin zijn. Roer even door, bedek met de bouillon en kook ongeveer 30 minuten op laag vuur, tot de aardappelen gaar zijn.
d) Nadat de soep is afgekoeld, pureert u deze in een blender tot een gladde massa. Breng op smaak met zout en peper.

60.Citroen soep

INGREDIËNTEN:
- 2 liter bouillon of bouillon
- ½–1 kop (95–190 g) witte rijst
- 2 citroenen
- zout en peper
- optioneel: ½ kopje kokosroom

INSTRUCTIES:

a) Maak bouillon met 2 liter water en soepgroenten of bouillon (2 wortels, 12 uien, 1 bleekselderij, 1 prei, veel peterseliestengels).

b) Kook de rijst in alleen de bouillon of de bouillon tot hij papperig is, ongeveer 25 minuten.

c) Schil 1 citroen, snijd hem in fijne plakjes en doe hem met wat zout door de kokende rijst.

d) Blijf de soep roeren terwijl je het resterende citroensap toevoegt.

e) Laat een paar minuten op laag vuur koken en breng op smaak met zout en peper.

61.Tsjechische koolrabisoep

INGREDIËNTEN:
- 1 koolrabi geschild, in blokjes, gebruik ook de bladeren (zie gebruiksaanwijzing)
- 1 middelgrote ui fijngehakt
- 1 middelgrote wortel geschild, in blokjes
- 2 middelgrote aardappelen geschild, in blokjes
- Elk 2 eetlepels peterselie en dille, fijngehakt
- 1 l groentebouillon heet (iets meer dan 4 kopjes)
- 1 el olie en boter elk
- Zeezout en peper naar smaak
- 1 el maïszetmeel plus 2 el heet water om de soep in te dikken (optioneel, zie Instructies).

INSTRUCTIES:
a) Schil de koolrabibladeren, snij ze grof en gooi de steeltjes weg. Snijd de koolrabi, wortels en aardappelen in blokjes.
b) Verhit 1 eetlepel olie in een grote pan, voeg de ui toe en laat 3 minuten sudderen, of tot hij zacht is. Kook een paar minuten, onder regelmatig roeren, met de rest van de groenten en peterselie.
c) Voeg de groentebouillon en peper toe om op smaak te brengen, roer, dek af en breng aan de kook, zet het vuur laag en kook, onder regelmatig roeren, ongeveer 30 minuten of tot de groenten zacht zijn.
d) Voeg de gehakte dille toe en laat nog 3 minuten sudderen. Je kunt de soep op dit punt dikker maken (hoewel dat niet hoeft). Meng hiervoor 2 eetlepels heet water met maïszetmeel, roer dit door de soep en kook gedurende 3 minuten.
e) Haal van het vuur, breng op smaak en roer er een eetlepel boter door voordat je het serveert.

62. Aspergesoep

INGREDIËNTEN:
- 450 g witte asperges
- soepgroenten (2 wortels, 1 prei, ½ knolselderij, verse peterselie)
- 2 eetlepels kokosboter
- ¼ kopje (30 g) bloem
- zout en suiker
- ½ kopje (125 ml) kokosroom

INSTRUCTIES:

a) Schil de aspergeschillen en maak de asperges schoon. Kook de asperges en de ingrediënten voor de soep gaar in een pan met 2 liter water. De vloeistof van de bouillon moet worden bewaard.

b) Kook de aspergekoppen apart in een kleine hoeveelheid water.

c) Pureer de aspergesstelen en rasp ze fijn.

d) Meng de gepureerde asperges met de soepbouillon.

e) Smelt de kokosboter in een koekenpan en roer de bloem erdoor tot een roux op laag vuur ontstaat. Voeg de gekookte aspergekoppen, zout en peper toe aan de soep terwijl deze kookt.

f) Serveer met croutons en een toefje kokosroom op het einde.

SALADES EN KANTEN

63. Bramborový Salát (Aardappelsalade)

INGREDIËNTEN:
- 4 grote aardappelen, gekookt en in blokjes gesneden
- 1/2 kopje mayonaise
- 1 eetlepel mosterd
- 1 ui, fijngehakt
- 2 augurken, fijngehakt
- Zout en peper naar smaak
- Gehakte verse dille voor garnering

INSTRUCTIES:
a) Meng mayonaise en mosterd in een kom.
b) Voeg in blokjes gesneden aardappelen, gehakte uien en augurken toe. Goed mengen.
c) Breng op smaak met zout en peper.
d) Garneer voor het serveren met gehakte verse dille.

64.Tomatensalade Met Mozzarella

INGREDIËNTEN:
- 4 grote tomaten, in plakjes gesneden
- 1 bol verse mozzarella, in plakjes gesneden
- Verse basilicumblaadjes
- Extra vergine olijfolie
- Balsamico azijn
- Zout en peper naar smaak

INSTRUCTIES:
a) Schik de plakjes tomaat en mozzarella op een serveerschaal.
b) Steek verse basilicumblaadjes tussen de plakjes.
c) Besprenkel met olijfolie en balsamicoazijn.
d) Breng op smaak met zout en peper. Serveer onmiddellijk.

65.Okurkový Salát (komkommersalade)

INGREDIËNTEN:
- 4 komkommers, in dunne plakjes gesneden
- 1 rode ui, in dunne plakjes gesneden
- 1/2 kopje zure room
- 1 eetlepel witte azijn
- 1 theelepel suiker
- Zout en peper naar smaak
- Gehakte verse dille voor garnering

INSTRUCTIES:
a) Meng zure room, witte azijn en suiker in een kom.
b) Voeg gesneden komkommers en uien toe. Gooi om te coaten.
c) Breng op smaak met zout en peper.
d) Garneer voor het serveren met gehakte verse dille.

66.Houbový Salát (champignonsalade)

INGREDIËNTEN:
- 2 kopjes champignons, in plakjes gesneden
- 1 ui, fijngehakt
- 2 eetlepels plantaardige olie
- 1 eetlepel witte wijnazijn
- 1 theelepel Dijon-mosterd
- Zout en peper naar smaak
- Verse peterselie ter garnering

INSTRUCTIES:
a) Fruit de gesneden champignons en de gehakte uien in plantaardige olie tot ze gaar zijn.
b) Meng in een kom witte wijnazijn, Dijon-mosterd, zout en peper.
c) Giet de dressing over de champignons en uien. Gooi om te combineren.
d) Garneer voor het serveren met verse peterselie.

67. Knedlíky (Tsjechische broodknoedels)

INGREDIËNTEN:
- 4 kopjes oud brood, in blokjes
- 1 kopje melk
- 2 eieren
- 1/4 kopje bloem voor alle doeleinden
- 1 theelepel bakpoeder
- Zout

INSTRUCTIES:

a) Week de broodblokjes in melk tot ze zacht zijn.

b) Meng in een kom het geweekte brood, de eieren, de bloem, het bakpoeder en een snufje zout.

c) Vorm het mengsel in cilindrische vormen en stoom ongeveer 20-30 minuten.

d) Snijd en serveer als bijgerecht met jus of sauzen.

68.Zeli (Tsjechische zuurkool)

INGREDIËNTEN:
- 1 pond zuurkool
- 1 ui, fijngehakt
- 2 eetlepels plantaardige olie
- 1 theelepel karwijzaad
- 1 appel, geschild en geraspt
- 1 eetlepel suiker
- Zout en peper naar smaak

INSTRUCTIES:
a) Spoel de zuurkool af onder koud water en laat uitlekken.
b) Fruit in een pan de gehakte uien in plantaardige olie tot ze glazig zijn.
c) Voeg zuurkool, karwijzaad, geraspte appel, suiker, zout en peper toe.
d) Kook op laag vuur, af en toe roerend, tot de smaken versmelten.

69.Karper Met Aardappelsalade

INGREDIËNTEN:
- 4 karperfilets
- 1 kopje bloem
- 2 eieren, losgeklopt
- 1 kopje broodkruimels
- Olie om te frituren
- Aardappelsalade (zie het Bramborový Salát recept)

INSTRUCTIES:
a) Broodkarperfilets door ze in bloem te bestrijken, in losgeklopt ei te dopen en in paneermeel te bedekken.
b) Bak aan beide kanten goudbruin.
c) Serveer de gebakken karper met een aardappelsalade.

70.Špenátová Kase (roomspinazie)

INGREDIËNTEN:
- 1 pond verse spinazie, gewassen en gehakt
- 2 eetlepels boter
- 2 eetlepels bloem voor alle doeleinden
- 1 kopje melk
- Zout en nootmuskaat naar smaak

INSTRUCTIES:

a) In een pan de gehakte spinazie in boter laten slinken.

b) Strooi bloem over de spinazie en roer tot een roux ontstaat.

c) Voeg geleidelijk de melk toe, onder voortdurend roeren om klontjes te voorkomen.

d) Laat sudderen tot het mengsel dikker wordt. Breng op smaak met zout en nootmuskaat.

71. Bietensalade (ćwikła)

INGREDIËNTEN:
- 4 bieten
- 2 eetlepels mierikswortel
- 1 theelepel suiker
- ⅓ kopje (80 ml) wijnazijn
- peterselie
- zout en peper

INSTRUCTIES:
a) Maak de bieten schoon en kook ze in water gedurende ongeveer 30 minuten, of tot ze zacht zijn. Als ze zijn afgekoeld, haal je ze eruit en pel je ze.
b) Gebruik de middelgrote raspsleuven en rasp de bieten.
c) Maak een saus van de mierikswortel, suiker, azijn, peterselie, zout en peper en meng deze met een vork door de bieten.
d) Om af te koelen, zet u het ongeveer 2 uur in de koelkast.
e) In plaats van de mierikswortel kan een ui worden gebruikt.
f) Fruit in 1 eetlepel olijfolie 1 in blokjes gesneden ui lichtjes. Combineer de olijfolie en kruiden, voeg dan de saus en ui toe aan de bieten en meng om te combineren.

72.B rode kool met frambozen

INGREDIËNTEN:
- 6 kopjes dun gesneden rode kool
- 8 oz / 225 g verse of bevroren frambozen
- 4 el kokosboter
- 3 eetlepels bloem voor alle doeleinden
- 6 jeneverbessen
- 1/4 theelepel gemalen piment
- 6-8 peperkorrels heel
- 2 laurierblaadjes
- 2 eetlepels azijn
- 1 1/2 kopjes water + nog een 1/2 indien nodig
- 1/2 kopje droge rode wijn
- Zout en suiker naar smaak

INSTRUCTIES:
a)   Snijd de kool in dunne plakjes (gebruik een keukenmachine voor gelijkmatige en dunne plakjes).
b)   Smelt de kokosboter in een grote pan. Voeg de jeneverbessen, kruiden, peperkorrels en laurierblaadjes toe terwijl de kokosboter smelt. Wanneer het volledig is gesmolten, voeg je de bloem toe en meng je tot een gladde massa.
c)   Voeg de kool, frambozen, azijn, rode wijn, 1 1/2 kopjes water en 1 theelepel zout toe. Roer grondig, dek af en laat ongeveer 10 minuten op middelhoog vuur sudderen.
d)   Proef na roeren. Als de saus niet zoet genoeg is, voeg dan 1 theelepel suiker toe en pas het zout aan indien nodig.
e)   Kook nog eens 10-20 minuten, of tot de smaken zijn vermengd.

73.Selderij-sinaasappelsalade

INGREDIËNTEN:
- 1 grote knolselderij
- 1 sinaasappel, of 2 mandarijnen
- ⅓ kopje (25 g) fijngehakte walnoten
- ½ kopje (125 ml) kokosroom
- zout
- optioneel: ⅓ kopje (25 g) rozijnen

INSTRUCTIES:

a) Gebruik de middelgrote raspgleuven en rasp de knolselderijwortel.

b) Schil de sinaasappels of mandarijnen en snijd ze in stukjes van 6 mm.

c) Meng de bleekselderij, sinaasappels en walnoten met een vork en voeg vervolgens de kokosroom toe.

d) Voeg een snufje zout naar smaak toe. Als je wilt, kun je rozijnen toevoegen.

74. Groentesalade

INGREDIËNTEN:
- 5 gekookte wortels
- 2 gekookte peterseliewortels
- 5 gekookte aardappelen (optioneel)
- 1 kleine gekookte knolselderij (ongeveer 15 dagen)
- 5 ingelegde komkommers
- 2 appels
- 1 klein blikje maïs (optioneel)
- 1 blik groene erwten
- 1 eetlepel mosterd
- zout, peper, peterselie, dille

INSTRUCTIES:
a) Spoel de groenten af en kook ze zonder ze te schillen (elk afzonderlijk); afkoelen en pellen.
b) Verwijder het klokhuis uit de appels en schil ze.
c) Snijd groenten, augurken en appels in kleine vierkantjes met een scherp mes. Groene uien moeten worden gehakt en erwten moeten worden gezeefd. Breng op smaak met zout en peper.
d) Strooi peterselie en dille over de salade. Houd rekening met een uur voorbereiding.
e) Garneer

75. Zoetzure Rode Kool

INGREDIËNTEN:
- 3 kopjes geraspte rode kool
- ½ kopje geschilde en gehakte zure appel, zoals Granny Smith
- 2 kopjes kokend water
- 1 Eetlepel appelsapconcentraat
- ½ theelepel gemalen piment
- 4 Eetlepels azijn

INSTRUCTIES:
a) Combineer alle ingrediënten in een grote pot.
b) Breng snel aan de kook, zet het vuur laag en kook tot de kool zacht is, ongeveer 20 minuten.

DESSERTS

76.Jablečný Závin (Apfelstrudel)

INGREDIËNTEN:
- 4 grote appels, geschild en in plakjes gesneden
- 1 kopje suiker
- 1 theelepel kaneel
- 1/2 kop rozijnen
- Vellen filodeeg
- Gesmolten boter)
- Broodkruimels

INSTRUCTIES:
a) Meng appels, suiker, kaneel en rozijnen in een kom.
b) Leg de filovellen op een schoon oppervlak en bestrijk ze met gesmolten boter.
c) Strooi broodkruimels op de vellen en voeg het appelmengsel toe.
d) Rol de vellen op en stop de randen in.
e) Bestrijk de bovenkant met meer gesmolten boter en bak tot ze goudbruin zijn.

77.Pompoengist-bundtcake

INGREDIËNTEN:
- 1 kopje pompoenmousse
- 2½ kopjes gewoon speltmeel of tarwecakemeel
- ½ kopje plantaardige melk
- 7 gram droge gist
- ½ kopje rietsuiker of een andere ongeraffineerde suiker
- sap en schil van 1 citroen
- 1 eetlepel vloeibare kokosolie
- 1 kopje gedroogde cranberry

INSTRUCTIES:

a) Combineer bloem, gist, suiker en veenbessen in een mengkom.

b) Verwarm in een kleine pan langzaam de pompoenmousse, plantaardige melk, citroensap en -schil en kokosolie. Kneed de natte ingrediënten door het deeg. Dit duurt ongeveer 8 minuten.

c) Strooi een dun laagje bloem op de tulbandvorm en vet deze in. Leg het deeg in de pan, dek het af en laat het 1 uur op een warme plaats rijzen.

d) Verwarm de oven voor op 180°C en bak gedurende 35 minuten (totdat een houten prikker er schoon uitkomt).

78.Wafeltjes

INGREDIËNTEN:
- 5 grote rechthoekige wafels
- ½ kilo zwarte bessenjam
- 3 kopjes gekookte kikkererwten (min of meer 1 kopje droog)
- 1 blik plantaardige kokosmelk
- 1 theelepel vanille-extract
- 2 eetlepels rietsuiker
- 2 eetlepels cacao
- 200 gram pure chocolade (70% cacaobestanddelen)

INSTRUCTIES:
a) Open het blik plantaardige kokosmelk en verwijder het witte, vaste deel. Breng het in een pan aan de kook. Haal van het vuur en roer de chocolade, cacao, vanille-extract en suiker erdoor.

b) Roer totdat alle ingrediënten zijn gesmolten. Meng de kikkererwten er volledig door.

c) Plaats het wafelblad op een stuk hout. Bestrijk het met de helft van de room en de andere wafel.

d) Smeer de helft van de jam erop. Herhaal met de resterende room, jam en wafelvellen. Druk zachtjes op de knop.

e) Zet 4-5 uur weg in de koelkast.

f) Snijd in kleine stukjes.

79.Vakantie appeltaart

INGREDIËNTEN:
- 3 kopjes gewoon speltmeel of gewoon tarwemeel
- 2 platte eetlepels zetmeel
- 2 platte eetlepels ongeraffineerde poedersuiker
- 50 gram vloeibare kokosolie
- 15 eetlepels koud water
- 2 kilo kookappels
- 1 theelepel kaneel
- 1 theelepel gemalen kardemom
- 1 kopje rozijnen
- 1 kopje walnoten
- 1 kopje broodkruimels

INSTRUCTIES:
a) Meng bloem, zetmeel, poedersuiker en kokosolie voorzichtig. Voeg één eetlepel water per keer toe en meng of kneed het deeg na elke toevoeging. Kneed het deeg totdat het elastisch en glad is nadat alle ingrediënten zijn gemengd.
b) Verdeel het deeg in twee gelijke helften. Eén ervan moet worden uitgerold op een vel bakpapier van 20 x 30 cm/8 x 12 inch. Prik het deeg meerdere keren in met een vork, leg het op een ovenschaal en laat het 30 minuten afkoelen. Plaats het resterende deeggedeelte gedurende 45 minuten in de vriezer.
c) Haal de bakplaat uit de koelkast en bak gedurende 15 minuten op 190°C. Gun jezelf de tijd om te ontspannen. Maak ondertussen de appels klaar.
d) Schil de appels en verwijder het klokhuis. Rasp de kaas met een rasp of een mandolineschaaf. Combineer kaneel, rozijnen en dikgehakte walnoten in een mengkom. Als de appels te zuur zijn, kun je honing toevoegen.
e) Verdeel het paneermeel gelijkmatig over de halfbakken bodem. De appels moeten vervolgens over het bladerdeeg worden verspreid.
f) Leg het bevroren deeg op de appels en rasp het. Verwarm de oven voor op 180°C/350°F en bak gedurende 1 uur.

80. Peperkoekkoekjes van aardappel

INGREDIËNTEN:
- ½ kilo geschilde aardappelen
- 5 eetlepels vloeibare kokosolie
- ½ kopje dadelsiroop of andere siroop
- 2 theelepels zuiveringszout
- 2½ kopjes gewoon speltmeel of gewoon tarwemeel
- ½ kopje zetmeel
- 4 eetlepels peperkoekkruiden
- 1 eetlepel cacao

INSTRUCTIES:

a) Kook de aardappelen tot ze zacht zijn, laat ze afkoelen en rijst ze met een aardappelrooier. Meng de dadelsiroop en kokosolie in een kom.

b) Meng bloem, zetmeel, zuiveringszout en peperkoekkruiden in een apart bakje. Kneed het deeg na het toevoegen van de vloeistoffen.

c) Bestuif een deegplank of een deegmatje met bloem en rol het deeg uit tot een dikte van ongeveer 5 mm.

d) Steek met een koekjesvormer verschillende vormen uit. Verwarm de oven voor op 170°C/325°F en bak gedurende 10 minuten. Laat afkoelen en decoreer naar wens.

81. Pruimenstoofpot

INGREDIËNTEN:
- 900 g verse pruimen
- optioneel: ¾ kopje (170 g) suiker

INSTRUCTIES:
a) Spoel de pruimen af en verwijder de pitten.
b) Breng de pruimen aan de kook in een kleine hoeveelheid water (net genoeg om ze onder water te zetten) en roer af en toe.
c) Voor een zoetere smaak kan er na twee uur suiker worden toegevoegd.
d) Wanneer de stoofpot is ingedikt en het meeste water is verdampt, giet je het in glazen potten en bewaar je het op een koele plaats.
e) Voeg tegen het einde van de kooktijd nootmuskaat, citroensap of kaneel toe voor extra smaak.

82. Marmelade

INGREDIËNTEN:
- 900 g vers fruit, zoals appels, peren, abrikozen, kersen en/of aardbeien
- 1¾ kopjes (395 g) suiker

INSTRUCTIES:
a) Afhankelijk van het fruit of de vruchten die u gebruikt, maakt u ze schoon, schilt u ze en ontpit u ze.
b) Breng aan de kook in een kleine hoeveelheid water (net genoeg om onder water te staan), af en toe roeren.
c) Pureer het in een blender of rasp het op de kleinste raspgaatjes als het fruit gaar is.
d) Kook op laag vuur tot de massa dikker wordt, onder voortdurend roeren.
e) Giet in glazen potten en bewaar in de koelkast.

83.Tsjechische Kisiel

INGREDIËNTEN:
- 1 kg fruit (appels, pruimen, kersen, enz.)
- 2 kopjes water
- 2 eetlepels suiker
- 2 eetlepels aardappelzetmeel

INSTRUCTIES:
a) Ga naar stap 5 als u al een kompot gereed heeft.
b) Was de vruchten en doe ze in de pot. Appels en peren moeten bijvoorbeeld in kleinere stukjes worden gesneden.
c) Begin met het gieten van het water.
d) Kook ongeveer een half uur op middelhoog vuur. Voeg wat zoetigheid toe.
e) Haal de vruchten uit de kompot of laat ze erin zitten.
f) Koel een half kopje kompot of wacht tot het koud is.
g) In de pot zit een fruitkompot.
h) Combineer aardappelzetmeel en KOUDE kompot in een mengkom.
i) Combineer kompot en aardappelzetmeel in een kopje.
j) Giet het mengsel in de overgebleven hete kompot die nog steeds kookt.
k) Giet het zetmeelmengsel in een kopje in de kompotpot.

84.Tsjechische vanillevlapudding

INGREDIËNTEN:
- ½ vanillestokje, eventueel opvullen met ½ el vanille-extract
- 2 kopjes + 2 eetlepels plantaardige melk
- 5-7 theelepel suiker
- 3 eetlepels aardappelmeel, eventueel bestrooien met maïzena of maïzena
- 3-4 theelepels frambozensiroop, voor serveren, optioneel

INSTRUCTIES:
a) Snij een half vanillestokje in de lengte door en schraap met een mes de boontjes eruit. Verwijder uit de vergelijking.
b) Breng 350 ml plantaardige melk, vanillestokjes en suiker aan de kook.
c) Meng het aardappelmeel met de overgebleven koele plantaardige melk. Roer snel met een garde om klontjes in de kokende plantaardige melk te voorkomen.
d) Breng aan de kook en laat het geheel onder voortdurend roeren ongeveer 1 minuut sudderen, of tot de custard dikker wordt.
e) Giet het in individuele dessertglazen of -schalen nadat u het van het vuur hebt gehaald.
f) Werk af met een paar druppels frambozensiroop en serveer onmiddellijk.

85.Tsjechische Cream Fudge

INGREDIËNTEN:
- 1/2 kopje suiker
- 2-14 ounce blikjes gecondenseerde plantaardige melk
- 1/3 kop kokosboter

INSTRUCTIES:
a) Combineer de suiker en de gecondenseerde plantaardige melk in een middelgrote pan. Zodra het begint te koken, zet je het vuur laag en blijf je zachtjes en continu roeren. Bij het roeren is uiterste voorzichtigheid geboden.
b) Breng het mengsel na 15-20 minuten koken op een temperatuur van 225-235 ° F. Haal de pan van het vuur en voeg de kokosboter toe, onder voortdurend kloppen gedurende 3 minuten.
c) Giet het beslag in de voorbereide pan en laat volledig afkoelen voordat u het minimaal 30 minuten in de koelkast zet.
d) Haal hem uit de pan en snijd hem in stukjes. Wikkel vetvrij papier om elk exemplaar. Verpakte porties moeten in een afgedekte container worden bewaard om uitdroging te voorkomen.

86.Tsjechisch Amandel in chocoladepruimen

INGREDIËNTEN:
- 24 pruimen, ontpit (gedroogde pruimen)
- 24 hele amandelen, geroosterd
- 8 ons halfzoete chocoladestukjes
- gemalen noten, voor decoratie

INSTRUCTIES:

a) Verwarm de oven voor op 350 ° F en bekleed een bakplaat met aluminiumfolie of vetvrij papier.

b) Magnetron de chocolade totdat deze volledig is gesmolten.

c) Blijf roeren tot de chocolade glad is en zet het dan opzij om iets af te koelen terwijl je de pruimen klaarmaakt.

d) Plaats een amandel in het midden van elke pruim, één per pruim.

e) Doop elke pruim in de chocolade, waardoor deze volledig verdrinkt.

f) Plaats het snoepje op de voorbereide bakplaat en bestrooi de bovenkant, terwijl de chocolade nog nat is, indien gewenst met gemalen noten.

g) Nadat je alle pruimen op de bakplaat hebt gelegd, laat je de chocolade 30 minuten afkoelen voordat je hem serveert.

h) het maximaal een week in de koelkast in een luchtdichte verpakking.

DRANKJES

87.Tsjechische vakantiepunch

INGREDIËNTEN:
- 1½ oz. susz (wodka doordrenkt met gedroogd fruit)
- ¾ oz. vers citroensap
- ¾ oz. gember-kardemom - ahornsiroopsiroop
- Gekonfijte gember

INSTRUCTIES:
a) Meng alle ingrediënten in een met ijs gevulde shaker en schud krachtig. Zeef het in een glas met een grote kubus erop. Garneer.
b) Susz: Combineer 14 kopjes gedroogde appels, gedroogde peren, gedroogde abrikozen en gedroogde pruimen met een fles wodka van 750 ml in een grote pot of een andere luchtdichte verpakking.
c) Laat het mengsel 24 uur trekken voordat u het uitperst en bewaart.
d) Gember-kardemom Meng in een blender 14 ons ahornsiroop (in gewicht), 312 eetlepels geschilde, gehakte gember, 10 kardemompeulen en 12 kopjes warm water. Meng gedurende 1 tot 2 minuten en giet het vervolgens af in een pot met een fijne zeef.
e) In de koelkast blijft hij 2 tot 3 weken houdbaar.

88.Zure kersenlikeur

INGREDIËNTEN:
- 2,5kg zure kersen
- 2 kg suiker
- 1L wodka
- 1L gerectificeerde spiritus

INSTRUCTIES:
a) Meng de kersen en de geconserveerde pitten in een mandfles of een grote glazen pot, voeg de suiker toe en dek af met een schoon stuk mousseline. Zet een paar dagen weg op een warme plaats.
b) Giet het sap door een zeef bekleed met mousseline. Haal het fruit uit de mandfles en zet het opzij.
c) Giet het sap in een pan en breng aan de kook. Geef tijd om af te koelen.
d) Verwijder de pitten van de kersen en gooi ze weg. Giet de wodka erbij. Dek af en bewaar gedurende 2 weken op een donkere plaats.
e) Meng het afgekoelde sap en de gerectificeerde alcohol in een fles. Verwijder uit de vergelijking.
f) Zeef de kersen na 2 weken en combineer de wodka met de gerectificeerde spirit. Vul schone flessen met de wijn, kurk ze en laat ze minimaal 3 maanden staan.

89.Glühwein

INGREDIËNTEN:
- 350 g Ahornsiroop
- 120 ml water
- 2 vanillestokjes, in de lengte gespleten
- 2 dunne plakjes gember
- 1 eetlepel gemalen kaneel
- 1/2 theelepel gemalen kruidnagel
- 1 theelepel citroenschil
- 1 theelepel sinaasappelschil
- 1/4 theelepel gemalen nootmuskaat
- 750 ml wodka

INSTRUCTIES:

a) Combineer ahornsiroop, water, vanille, kruiden en citrusschil in een pot. Breng aan de kook en zet vervolgens 5 minuten op een laag vuur.

b) Voeg wodka toe en verwarm geleidelijk samen, maar kook niet. Serveer meteen in kleine glaasjes.

c) Indien gewenst, zeef het mengsel vooraf door een fijne zeef.

90.Paarse pruimenlikeur

INGREDIËNTEN:
- 1 kg rijpe paarse pruimen, ontpit
- 1/2 liter zuivere gerectificeerde alcohol
- 1/2 liter wodka
- 300 g kristalsuiker

INSTRUCTIES:

a) Plaats de pruimen in een brouwglas mandfles. Vul de mandfles voor de helft met gerectificeerde alcohol en wodka, kurk hem en bewaar hem gedurende 5 weken op een donkere plaats.

b) Voeg na 5 weken suiker toe en laat nog eens 4 weken staan.

c) Zeef de likeur door een zeef bekleed met mousseline; in flessen gieten, kurken en ten minste 3 maanden op een donkere plaats bewaren.

91.Jeneverbes bier

INGREDIËNTEN:
- 2L water
- 100 g jeneverbessen
- 200-250 g Ahornsiroop
- 1 eetl hop
- 2 g bier- of wijngist

INSTRUCTIES:
a) In een glazen pot van een halve gallon de jeneverbessen in een vijzel fijnmalen en combineren met water.
b) Gebruik een fijnmazige zeef en zeef het mengsel. Verwijder de vaste stoffen en gooi ze weg.
c) Breng het gezeefde mengsel aan de kook, haal het van het vuur en voeg de ahornsiroop toe. Vul een schone pot van een halve gallon voor de helft met vloeistof.
d) Breng 1/2 kopje water aan de kook in een kleine pan. Laat 10 minuten sudderen na het toevoegen van de hop. Zeef de vloeistof en giet het in de pot.
e) Meng de gist erdoor en bedek de pot met een koffiefilter of een luchtsluis zodra de vloeistof is afgekoeld tot kamertemperatuur.

92. Rabarber limonade

INGREDIËNTEN:
- 4 kopjes water
- 1/2 kop Ahornsiroop
- 1 pond rabarber (indien nodig geschild, gehakt)
- 3 kopjes heet water
- IJsblokjes
- Garneer: stukjes sinaasappel of takjes munt

INSTRUCTIES:
a) Breng 4 kopjes water aan de kook in een pan; Haal van het vuur, klop de ahornsiroop erdoor en zet opzij om af te koelen.
b) Pureer de gehakte rabarber in een keukenmachine totdat het een pulp wordt.
c) Giet in een middelgrote kom 3 kopjes heet water over de rabarberpulp en dek af.
d) Plaats een zeef over het ahornsiroopwater in de pot. Zeef de rabarberpulp met behulp van een zeef door het mengsel van ahornsiroop en water. Om de rabarbervloeistof en het ahornsiroopwater te combineren, klop je ze samen. Vul een kan voor de helft met water.
e) Schenk de cocktail in vier hoge glazen gevuld met ijsblokjes.
f) Serveer met een schijfje sinaasappel of een takje munt als garnering.

93. Hete mede

INGREDIËNTEN:
- 1/2 kop/120 ml Ahornsiroop
- 1 kop/240 ml water
- 3 tot 4 kruidnagels
- 6 kaneelstokjes
- 1 hele vanillestokje (ongeveer 7,5 cm lang)
- Eén strook oranje schil van 2,5 cm
- 1/4 theelepel gemalen nootmuskaat
- 16 oz/480 ml wodka

INSTRUCTIES:

a) Breng de ahornsiroop en het water aan de kook in een middelgrote pan en schraap eventueel schuim van het oppervlak.

b) Breng de pan aan de kook en verwijder vervolgens de kruidnagels, kaneelstokjes, het vanillestokje en de sinaasappelschil. Laat het 1 of 2 minuten staan voordat het weer aan de kook komt.

c) Haal van het vuur, dek af en laat minimaal 30 minuten trekken. Breng opnieuw aan de kook nadat u het door een fijnmazige zeef of een normale zeef met koffiefilter hebt gezeefd.

d) Voeg de wodka toe aan het mengsel. Roer goed en serveer onmiddellijk.

94.Tsjechische koffie

INGREDIËNTEN:
- 6 oz hete gezette koffie
- 3 oz Dorda dubbele chocoladelikeur
- Slagroom om te garneren

INSTRUCTIES:
a) Combineer vers gezette warme koffie en Dorda Double Chocolate Likeur in een glazen mok. Werk af met een toefje verse slagroom.
b) Garneer met cacaobonen, met chocolade omhulde espressobonen of geschaafde chocolade, indien gewenst.

95.Citroen- en komkommerkoeler

INGREDIËNTEN:
- Verpletterd ijs
- 1 kleine Kirby-komkommer
- ½ kleine citroen
- 2 theelepels suiker _ _
- 1/2 theelepel s _ _ van vers geraspte gember
- Seltzer-water
- Zubrowka Bison Grass-wodka

INSTRUCTIES:

a) Vul beide glazen potten met gemalen ijs tot een capaciteit van 34%. Komkommer moet in dunne rondjes worden gesneden. Verdeel het mengsel over de twee glazen potten. Voeg aan elke stenen pot 1 theelepel suiker toe.

b) Knijp een halve citroen uit in elk van de twee glazen potten. Om als garnering te gebruiken, snij je twee cirkels van de resterende helft van de citroen.

c) Giet in elke glazen pot 1,5 ounce Zubrowka. Voordat je de sodawater erin giet, voeg je een kwart theelepel gember toe aan elk kopje. Vul het glas voor de helft met seltzerwater. Lekker met een schijfje citroen als garnering!

96.Tsjechische warme chocolademelk

INGREDIËNTEN:
- 2 kopjes plantaardige melk
- 1 kopje half en half
- 6 eetlepels suiker
- ¼ kopje Tsjechische kakao of andere natuurlijke cacao van goede kwaliteit
- 3,5 oz. pure chocolade van goede kwaliteit

INSTRUCTIES:
a) Meng in een middelgrote pan op middelhoog vuur alle ingrediënten (behalve de pure chocolade) in een middelgrote pan.
b) Breng langzaam aan de kook en roer regelmatig. Zet het vuur laag en kook gedurende 4 minuten, terwijl u regelmatig roert. Houd de situatie goed in de gaten om overkoken te voorkomen.
c) Roer de pure chocolade erdoor tot deze volledig gesmolten is. Kook nog een tot twee minuten. Klop de ingrediënten glad door elkaar.

97.Kers martini

INGREDIËNTEN:
- 1 3,4 oz-pakket Franse vanille instantpudding
- 4 kopjes plantaardige melk, verdeeld
- 1/2 theelepel gemalen nootmuskaat
- OPTIONEEL: rum, rumextract & slagroom

INSTRUCTIES:
a) Maak met 2 kopjes plantaardige melk instantpudding volgens de aanwijzingen op de verpakking.
b) Voeg 2 kopjes plantaardige melk en geraspte nootmuskaat toe aan het mengsel.
c) Voeg indien gewenst 2 theelepels rumextract toe.

98.Patrijs In Een Perenboom

INGREDIËNTEN:
- 2 ons perennectar
- 1 ounce Crown Royal of Rye Whiskey
- 2 ounce Ginger Ale of om het glas af te maken
- Ijs
- Peer ter decoratie optioneel

INSTRUCTIES:
a) Vul een tumbler voor 1/4e met ijs.
b) Voeg perennectar en Crown Royal toe.
c) Maak af met ginger ale.
d) Grondig roeren.
e) Garneer met twee in dunne plakjes gesneden perenpartjes.

99. Tsjechische Aardbeienlikeur

INGREDIËNTEN:
- 2 1/2 pond aardbeien, gewassen en gepeld
- 1 liter wodka van goede kwaliteit
- 2 kopjes suiker

INSTRUCTIES:

a) Combineer aardbeien en wodka in een grote, gesteriliseerde glazen container. Sluit af en bewaar een week op een donkere, koele plaats.

b) Giet de wodka na 1 week door een zeef, bewaar de aardbeien en giet het in een schone, gedesinfecteerde glazen container.

c) Meng de suiker met de aardbeien, doe het in een schone, gesteriliseerde glazen container en sluit af. Bewaar beide containers gedurende 1 maand op een donkere, koele plaats.

d) Meng na 1 maand het aardbeienmengsel met de wodka, zeef het en giet het in een schone, gesteriliseerde glazen container.

e) Sluit af en bewaar enkele maanden op een koele, donkere plaats.

100.Tsjechische ananaswodka

INGREDIËNTEN:
- 1 pond verse ananassperen of stukjes
- 1 liter wodka
- 1 1/4 kopjes suiker
- 1/4 kopje water

INSTRUCTIES:
a) Doe de ananas in een pot(en) en vul deze met wodka; dek af en bewaar in de voorraadkast gedurende 2 maanden.
b) Zeef en filter door een koffiefilter of een met keukenpapier bekleed vergiet.
c) Maak een suiker- en watersiroop; voeg toe aan de ananaswodka.

CONCLUSIE

Nu we onze aromatische reis door 'Het aroma van de Tsjechische keuken' afsluiten, hopen we dat je het plezier hebt ervaren van het ontdekken van de geuren en smaken die de Boheemse keukens definiëren. Elk aroma op deze pagina's is een eerbetoon aan de geruststellende tradities, de warmte en het culinaire erfgoed die de Tsjechische keuken tot een unieke en verrukkelijke ervaring maken - een bewijs van de vreugde die bij elk gerecht hoort.

Of u nu heeft geproefd van het hartige aroma van goulash, de zoetheid van kolaches hebt omarmd of van de geur van versgebakken gebak hebt genoten, wij vertrouwen erop dat deze aroma's uw waardering voor de diverse en uitnodigende geuren van de Tsjechische keuken hebben aangewakkerd. Naast de ingrediënten en technieken kan "Het aroma van de Tsjechische keuken" een bron van inspiratie worden, verbinding maken met culturele tradities en een viering van de vreugde die gepaard gaat met elke smaakvolle creatie.

Moge dit boek uw vertrouwde metgezel zijn terwijl u de wereld van de Tsjechische keuken blijft verkennen en u door een verscheidenheid aan aroma's leiden die de rijkdom en uitnodigende geuren van de Boheemse keukens laten zien. Hier is het genieten van de heerlijke geuren, het opnieuw creëren van traditionele aroma's en het omarmen van de vreugde die bij elke hap hoort. Dobrou chuť! (Eet smakelijk!)

www.ingramcontent.com/pod-product-compliance
Lightning Source LLC
Chambersburg PA
CBHW071853110526
44591CB00011B/1393